# La metamorfosis del sabueso

# HORACIO CASTELLANOS MOYA

## *La metamorfosis del sabueso*

*Ensayos personales y otros textos*

RANDOM HOUSE

Papel certificado por el Forest Stewardship Council®

Primera edición: septiembre de 2023

© 2011, Horacio Castellanos Moya
Reservados todos los derechos
© 2023, Penguin Random House Grupo Editorial, S. A. U.
Travessera de Gràcia, 47-49. 08021 Barcelona

*Printed in Spain* – Impreso en España

ISBN: 978-84-397-3767-4
Depósito legal: B-12.174-2023

Compuesto en La Nueva Edimac, S. L.

Impreso en Limpergraf
Barberà del Vallès (Barcelona)

RH 3 7 6 7 4

# ÍNDICE

# PRIMERA PARTE

## BREVES PALABRAS IMPÚDICAS

# LA GUERRA: UN LARGO PARÉNTESIS

## 1

Era una tarde lluviosa de sábado, quizá a mediados de agosto de 1978, en una vieja colonia de San Salvador llamada La Rábida. Tres jóvenes poetas, cuyas edades oscilaban entre los veinte y los veinticuatro años, bebían cerveza y discutían los textos que publicarían en la revista artesanal que ellos mismos producían y distribuían. A lo largo de la tarde habían pasado por esa casa un director de teatro, un pintor y un tipo vinculado a los artistas de circo. Traían materiales y proyectos para incluir en la revista; charlaban, bebían un poco de cerveza, fumaban yerba y partían. La atmósfera era relajada. En algún momento, hacia el final de la tarde, cuando los poetas ya no esperaban más invitados, sonó el timbre de la casa. Los poetas voltearon y se miraron. Uno de ellos, no el anfitrión, fue hasta la sala a ver quién había tocado. Eran ya tiempos de violencia y zozobra política. El poeta, pues, se asomó con cuidado por la ventana: en la calle había un tipo gordo, cachetón, de mirada siniestra, con las faldas de la camisa hacia fuera. Al poeta se le heló la sangre. El gordo preguntó por Alberto; ninguno de los poetas ni de los invitados respondía a ese nombre. «Aquí no hay ningún Alberto», balbuceó el poeta, sudando frío. El gordo le lanzó una mirada amenazante; luego caminó hacia el otro lado de la calle, donde otros tres tipos lo esperaban en un Jeep de los utilizados en la Segunda Guerra

Mundial. El poeta sintió que le flaqueaban las piernas, no tuvo ninguna duda: eran de la policía política. Volvió a la mesa del comedor donde los otros continuaban discutiendo sobre la pertinencia de publicar o no cierto poema. «¿Quién era?», le preguntó el anfitrión. El poeta tomó asiento y trató de ocultar su mueca de miedo. «Alguien que se equivocó de dirección: buscaba a un tal Alberto», dijo antes de apurar su vaso de cerveza.

Ninguno de los tres poetas participaba en política. El anfitrión estudiaba Letras en la universidad jesuita y trabajaba como editor de la revista *Automóvil Club*; el que se había asomado por la ventana también estudiaba Letras y trabajaba como jefe de redacción en la revista *TVGuía*. Ambos aprovechaban sus empleos editoriales para levantar los textos y conseguir materiales para su artesanal revista literaria. El tercer poeta estudiaba Ingeniería, era el menos pretencioso intelectualmente y el que escribía los mejores versos. Solo el anfitrión estaba casado, con otra estudiante de Letras, guapa y brillante, que a veces se unía a la discusión de los textos; los otros dos eran solteros y vivían en casa de sus respectivos padres.

La revista se llamaba *El Papo-Cosa Poética*. Decidieron lanzarse a esa aventura editorial porque los espacios estaban tapiados: los periódicos, rabiosamente derechistas, consideraban comunista cualquier pieza de escritura en la que se mencionaran problemas sociales, y la situación política en general estaba tan polarizada que no había espacio para la búsqueda literaria. Y los poetas, antes que nada, se consideraban poetas, sin compromiso político. Odiaban la llamada «literatura de emergencia» que pregonaban Mario Benedetti y sus epígonos. Leían con fascinación los libros de Fabril Editora y de Librería Fausto, que llegaban a un par de librerías de San Salvador procedentes de la Argentina y gracias a los cuales descubrieron a Pessoa, Michaux, Perse, el lituano Milosz, Montale, Ungaretti, Pavese, Cendrars. No participaban del debate político que se desarrollaba en las revistas clandestinas de las organizaciones guerrilleras. Habían publicado ocho números de su revista en el último año y medio, y sospechaban que el que preparaban podía ser el último.

¿Por qué había llegado la temible policía política a la casa de los poetas?, ¿detrás de los pasos de quién andaban los sabuesos? De temperamento paranoico, el poeta que se asomó por la ventana se hizo una y otra vez estas preguntas, mientras repasaba a los visitantes que recién habían pasado por la casa. No tardó en intuir que seguían al tipo que vestía camisa de cuello chino con tirantes, usaba barbita y gafas a lo Trotski, había estudiado Filosofía con los jesuitas e incursionado en las disciplinas esotéricas orientales, y que ahora estaba dedicado a organizar a los artistas de circo —un gremio de muertos de hambre y marginados que viajaban por los rincones más pobres del país— y proponía que los poetas publicaran un artículo sobre ellos en su revista. De modales suaves y voz persuasiva, sin que él hiciera explícita ninguna participación política, se le percibía otra densidad.

Al final de la velada, los poetas reiteraron su entusiasmo ante la idea de publicar un texto sobre el arte circense. Dos de ellos acababan de leer *Mascaró, el cazador americano*, la novela del argentino Haroldo Conti que había ganado el Premio Casa de las Américas 1975, una novela que trataba precisamente sobre un circo que recorre la pampa con sus personajes alucinantes. Los poetas no eran ajenos tampoco al hecho de que Conti había sido secuestrado y desaparecido por los militares argentinos dos años atrás.

De regreso a casa de su madre, el poeta que se asomó a la ventana tuvo el presentimiento de que la llegada del tipo de la barba de chivo rebasaba su interés por publicar el texto sobre el circo, que otros designios merodeaban y que algo estaba por cambiar radicalmente. En efecto, unas semanas después de aquella lluviosa tarde de agosto, salió de la imprenta el que sería el último número de la revista. Los poetas decidieron que ya no tenía sentido esa aventura editorial en medio de una espiral de violencia política que lo permeaba todo: el ejército asesinaba a mansalva y la guerrilla respondía con no menos contundencia; la universidad estatal fue intervenida por los militares; y hasta las librerías que importaban las ediciones argentinas fueron dinamitadas por los escuadrones de la muerte. Los poetas seguían reuniéndose los sábados por la tarde a beber cerveza, pero cada vez hablaban menos de literatura y más de la situación política y de la vida que se les imponía. Ahora el tipo de la barba de chivo llegaba con frecuencia.

## 2

Yo era el poeta paranoico que se asomó por la ventana. A finales de 1978, no me cabía la menor duda de que mis compañeros de generación, poetas o no, iban con ritmo precipitado hacia la militancia revolucionaria. Comprendí también que no había más opciones: tomar partido o largarse. Yo decidí largarme. Apelé a mi abuela materna hondureña, una mediana terrateniente, y conseguí los fondos para irme a estudiar a Toronto en febrero de 1979. La mayoría no tuvo esa opción: solo estaba el túnel del clandestinaje, el combate en las calles, la tortura y la muerte. Fue el año del triunfo de la revolución sandinista. De vez en cuando, en mi habitación de Madison Avenue, recibía cartas de mis amigos poetas en las que se traslucía su entusiasmo por la acción revolucionaria. En mayo de ese año, mientras bebía en un *pub* de Bloor Street, vi estupefacto en un noticiero de televisión cómo la policía salvadoreña disparaba contra indefensos manifestantes frente a la Catedral Metropolitana. Decenas de cadáveres quedaron en el atrio mientras los sobrevivientes entraban en estampida a la iglesia para ponerse a salvo. De pronto, en medio de la balacera, de un costado del templo salió un tipo con un cóctel molotov y lo lanzó hacia donde los policías se parapetaban.

Llevaba la mitad del rostro cubierto con un pañuelo, pero lo reconocí: era el poeta que estudiaba Ingeniería. Algo se sacudió en mi interior. Hacia finales de año el gobierno militar se había derrumbado y la guerra civil estaba en puerta. Recibí otras cartas en las que se reclamaba mi presencia. Toronto se me hizo más frío que nunca. Y entonces regresé.

Nada era igual. Me sentí como un extraterrestre en aquel ambiente de conspiración, terror, clandestinaje y armas. Mis amigos ya no eran los mismos: con la pistola al cinto o la Uzi en la mochila, su labor consistía en organizar al movimiento obrero: se habían «proletarizado». Su base de operaciones era la Federación Sindical Revolucionaria. Paralizaban la fábrica que se proponían o la capital entera cuando llegaba la orden. La poesía quedaba lejos o era la aventura segundo a segundo. Leían leninismo que en otras latitudes era teoría obsoleta, pero también a Clausewitz o el *Viaje a Ixtlán*, donde el brujo Juan Matus le enseña a Carlos Castaneda los pasos a seguir para convertirse en guerrero. Yo traté de unírmeles, pero no terminaba de encajar.

Me llevaron a la gigantesca movilización popular del 22 de enero de 1980, que marcó el inicio de la guerra civil, en la que más de trescientas mil personas marcharon por las calles de San Salvador para repudiar a la nueva junta militar de gobierno, para que el ejército y la derecha supieran del enemigo que se les enfrentaba. Era una mañana soleada, calurosa. Me encontré con los poetas en la sede sindical. En aquel hervidero de líderes curtidos en el combate callejero, me sentí de nuevo como un extraterrestre. Me dieron una cámara Super 8 sin película para que me hiciera pasar por periodista. La algarabía en las calles era contagiosa: las consignas de guerra, las mantas y las banderas, los cantos en los megáfonos. Y ahí iba el poeta recién llegado entre miles de campesinos, maestros, obreros, estudiantes, curiosos, con una camarita Super 8 sin película en la mano, como si hubiese sido el amuleto para que los tiros no me pegaran. Cuando comenzó la masacre, yo estaba a una manzana del edificio de telecomunicaciones, desde cuya terraza los francotiradores cazaban a los manifestantes. La emboscada había sido precedida por el ataque de avionetas fumigadoras, enviadas por los terratenientes algodoneros para que rociaran veneno sobre la marcha. Primero fue el rumor sobre los disparos, luego la ola de gente que aterrorizada retrocedía, y enseguida las detonaciones sobre mi cabeza. Corrí empavorecido, saltando sobre uno que otro cuerpo, con la muerte mordisqueando mis talones, en aquel sálvese quien pueda. Quizá no supe lo que era un baño de fuego, pero sí aprendí lo que era un baño de terror.

Meses después, en una casa de seguridad en San José de Costa Rica, donde pernoctábamos los mismos tres poetas, escribí un cuento sobre esa movilización, en el que el personaje era un nuevo rico, gordo y curioso, que pierde su recién adquirida cámara fotográfica en el desparpajo bajo la metralla. En esa misma casa recibimos la estremecedora noticia de que Irma, la esposa del poeta anfitrión, había sido desaparecida por los militares en San Salvador (su cadáver nunca se encontró) y que el pequeño hijo de ambos había quedado abandonado.

Para entonces, a mediados de diciembre de 1980, a pocas semanas de que se lanzara la gran ofensiva guerrillera, bajo el sol templado y estimulante de la meseta costarricense, frente a un hangar del aeropuerto Juan Santamaría, éramos media docena los poetas salvadoreños que nos esforzamos por hacer pasar por la portezuela de un viejo avión de carga —que en una operación posterior sería capturado por el ejército— el enorme y pesadísimo transmisor que serviría para fundar la radio rebelde que debía estar lista para acompañar a la ofensiva guerrillera. Junto a los poetas, un agente de la inteligencia cubana también empujaba.

# 3

Cuando me han preguntado por qué mi generación se fue a la guerra, la tentación ha sido siempre recurrir a los argumentos políticos, sociales y económicos: la represión, la exclusión, la explotación. Sí, pero todas estas palabras agudas no alcanzan a explicar ese fenómeno de enajenación colectiva, ese entusiasmo por la acción, esa disposición para morir y matar que de pronto prende en un individuo hasta entonces ajeno a la política, esa pasión por entregar la vida a una causa revolucionaria que de súbito posee a un joven poeta cuya sola ambición ha sido la literatura. Mucho se ha escrito sobre este fenómeno.

En el caso salvadoreño, la entusiasta incorporación de toda una generación de jóvenes escritores a la guerra revolucionaria resulta particularmente paradójica. El principal poeta del país —el más brillante y conocido internacionalmente—, Roque Dalton García, fue asesinado en mayo de 1975 por sus propios compañeros guerrilleros, quienes lo acusaron primero de ser un infiltrado de la CIA y luego de ser un «payaso» de los servicios de inteligencia cubanos.

No era la primera vez que traicionaban a Dalton. Cuando en 1964 regresó a San Salvador procedente de La Habana y fue capturado por los militares, los interrogatorios del poeta eran realizados por un gringo de la CIA, hosco y estupendo bebedor de whisky, quien, como último recurso para convencerlo de que colaborara, lo confrontó con un cubano ante el cual Dalton solo pudo exclamar insultos. Lo cuenta en su novela *Pobrecito que era yo*, sin entrar en mayores detalles. Lo que no cuenta es que el cubano unos meses atrás había sido su instructor militar en Cuba, el encargado de preparar el regreso del grupo de salvadoreños que formarían el núcleo militar del partido, quizá un doble agente que enseguida se había cambiado de bando. A mí me lo reveló un reconocido novelista de la misma edad de Dalton, quien recibió entrenamiento en el manejo de tanques soviéticos (también había sido enviado por el instructor de marras) y se salvó por un pelo de ser capturado a su llegada a San Salvador.

Dalton fue comunista desde su primera juventud, se radicalizó bajo el influjo de la revolución en Cuba, país donde vivió varias temporadas. En 1973 ingresó clandestinamente a El Salvador por última vez, a incorporarse a un grupo guerrillero. Su muerte abominable a manos de sus mismos camaradas tendría que haber servido como un ejemplo para que los escritores salvadoreños nos alejáramos de la guerrilla —y de la política en general— como de la peste. Pero no fue así, sino al contrario: los más importantes escritores de la generación de Dalton (nacidos en la década de los treinta) permanecieron fieles al castrismo, apoyaron la lucha armada y uno de sus mejores amigos, el poeta Roberto Armijo, representó en París al mismo grupo guerrillero que asesinó a Dalton. Sería fácil apelar al tiempo de los canallas, a la imbecilidad congénita o a la ceguera, o a una combinación de los tres. Quisiera creer que se trata de un proceso más complejo.

Ciertamente la generación literaria que nos precedió hizo del «compromiso» el eje de su vida y vio en la revolución castrista su inspiración, el gran referente político y cultural. Su obra literaria estuvo sometida al servicio de la «bondad» de su causa política; en su horizonte de migraña, el comunismo iba a ser «una aspirina del tamaño del sol», como escribió Dalton. Fue un fenómeno latinoamericano: el Departamento de América del Partido Comunista de Cuba pontificaba en lo político y la Casa de las Américas en lo cultural. Algunos escritores —Cortázar quizá sea el ejemplo que primero se me viene a la mente— apoyaban este contubernio desde la comodidad de las grandes capitales, pero hubo quienes lo vivieron apostando la vida, en especial en pequeños países aplastados por la bota militar como El Salvador. Los escritores de la generación que nos precedía fueron, pues, entusiastas y audaces peones cubanos. Con semejante herencia, ¿qué podía esperarse de nosotros?

## 4

No volví a ver a mis amigos poetas por muchos años. A mediados de 1981, cada cual tuvo su ruta. El poeta anfitrión, en cuya casa años atrás bebíamos cerveza y leíamos versos, adoptó el nombre de guerra de Haroldo —en homenaje precisamente a Haroldo Conti— y fue destacado a la montaña como director de la Radio Farabundo Martí; fusil en mano, pasó los siguientes diez años sorteando los bombardeos y las embestidas del ejército gubernamental. El poeta que estudiaba Ingeniería tomó el nombre de guerra de Álvaro y fue destacado a la sección de logística, encargada de introducir las armas y municiones necesarias para mantener la guerra. Yo arribé al Distrito Federal el 16 de septiembre de ese año, donde pronto asumí la jefatura de redacción de la agencia de prensa que había instalado el movimiento guerrillero en esa ciudad. Pero no duré mucho tiempo.

En abril de 1983, en Managua, los dos principales y legendarios líderes guerrilleros salvadoreños —un obrero de sesenta y cuatro años y una maestra de cincuenta y seis— murieron de forma espeluznante. La versión oficial fue que el primero ordenó el asesinato de la segunda y que luego, al ser descubierto en su fechoría, se suicidó. Pero yo siempre he creído que pudo haber otra conspiración de los cubanos y los sandinistas: Salvador Cayetano Carpio, el máximo líder que tuvo que suicidarse, se había formado militarmente en Vietnam (se creía el «Ho Chi Minh de Latinoamérica», no el Che ni Fidel) y acababa de realizar una gira para reunirse con Gadafi en Trípoli, con Tito en Belgrado y con Arafat en Beirut, a quienes les había solicitado apoyo para su proyecto radical distinto al propuesto por Moscú. Pero lo más importante era que Carpio no había asistido a La Habana a dos reuniones a las que Castro lo había convocado; no hubo una tercera convocatoria. Con la desaparición de ambos líderes, Castro tuvo a la revolución salvadoreña servida en la bandeja de Schafik Jorge Handal, el viejo mandamás del Partido Comunista prosoviético. Pero ese pudo ser el mundo de la alta política; en lo cotidiano aquello apestaba a estalinismo tropical. Yo salté del barco en diciembre de 1984. Me hice la vida en México como periodista, escribí una novela para sacar el excremento acumulado, fui acusado por rabiosos excompañeros de ser agente de la CIA y de cuando en vez recibía noticias de los amigos que continuaban haciendo la guerra en El Salvador.

Varios años después, quizá en 1992, cuando ya se había firmado la paz, los tres viejos poetas (aunque yo hacía mucho que ya no lo era) nos encontramos nuevamente en San Salvador. Ellos volvían a la civilidad; también se habían retirado de cualquier actividad política. Retomamos con gozo aquellas conversaciones en las que la pasión por la literatura lo era todo. El ciclo se había cerrado. Fue como si la guerra hubiese sido solo un larguísimo paréntesis.

Hace unos meses, el poeta anfitrión, cuyo nombre es Miguel Huezo Mixco —y cuyos excelentes ensayos sobre René Char, Joseph Brodsky, Italo Calvino, entre otros, han sido publicados en prestigiosas revistas latinoamericanas—, escribió un extenso texto en el que demuestra, cartas y documentos en mano, que Roque Dalton salió de La Habana hacia su muerte en San Salvador peleado con la burocracia cubana, enemistado en especial con la burocracia de la Casa de las Américas y, más específicamente, con Roberto Fernández Retamar y Mario Benedetti. En un bar de San Salvador comentamos su texto. Le dije que me parecía una paradoja grosera, si no una canallada, que haya sido Benedetti quien recopiló la obra poética de Dalton en sendas antologías para la Casa de las Américas y para la editorial española Visor.

«Nadie sabe para quién trabaja», comentó Miguel. «¿Vos has estado alguna vez en Cuba?», le pregunté a quien durante una década estuvo en el frente de guerra dirigiendo la radio insurgente. «No. ¿Y vos?», respondió. «Nunca», mascullé.

## BREVES PALABRAS IMPÚDICAS

Si la literatura es un espejo de conflictos, mi conflicto esencial como escritor ha sido la identidad: el reconocimiento de mí mismo y de mi relación con el mundo. Decía Octavio Paz que el escritor surge de una fractura interior. La escritura, entonces, puede ser vista como la búsqueda de un alivio al dolor producido por esa fractura.

Mi identidad nació desgarrada entre dos países, dos familias, dos visiones políticas del mundo. El desgarramiento, pero también la confrontación. Nací en Honduras, viví mi infancia y juventud en El Salvador, y he pasado la mayor parte de mi vida adulta en México. Ahora resido en Guatemala. Yo podría encarnar esa abstracción llamada «el centroamericano». Pero tampoco me siento completamente de ninguna de las naciones que he mencionado: persiste cierto distanciamiento, la sensación de no pertenencia, cierto sabor a extranjería.

¿Dónde pertenezco, entonces? ¿Cuál es el cimiento de mi identidad como hombre y como escritor? La única respuesta que se me ocurre es esta: la memoria. El territorio de la memoria cruzado por varias rutas, unas visibles y otras solapadas, como pistas de aterrizaje para actos ilícitos. Distingo una ruta, la del origen, cuyo surco marca las primeras tres décadas de mi vida: la violencia. Mi primer recuerdo, lo más atrás que puedo hurgar en mi memoria, es un bombazo que destruyó el frontispicio de la casa de mis abuelos maternos en Tegucigalpa cuando yo tenía unos tres años (mi abuelo era entonces presidente del Partido Nacional y preparaba un golpe de Estado contra el presidente liberal). Aún puedo percibir el polvillo suspendido en el aire mientras cruzaba el patio de la casa en brazos de mi abuela; aún puedo escuchar las sirenas y mi llanto. Quizá ahí me inocularon el miedo, el rencor, el sentido de la venganza. O quizá no, quizá venga de más atrás. Imagino la mueca de mi bisabuelo paterno, el general José María Rivas, fusilado por la dictadura de los Ezeta en 1890 y cuya cabeza fue empalada a la entrada de Cojutepeque como escarnio a su rebeldía; o la contorsionada emoción de mi tío Jacinto cuando se despidió del «Negro» Farabundo Martí frente al paredón de fusilamiento aquella madrugada del 1 de febrero de 1932; o el temblor de mi padre cuando supo que había sido condenado a muerte luego de participar en el fracasado golpe de Estado contra la dictadura del general Martínez aquel 2 de abril de 1944; o el gesto de espanto de mi sobrino Robertico cuando comenzó a ser destazado a punta de machete por un escuadrón de la muerte un día de marzo de 1980. Esto también forma parte del territorio de la memoria, la memoria de un sobreviviente.

Y lo que sigue es historia, historia centroamericana en la que no me voy a detener, pero que marcó profundamente a la generación a la que pertenezco. Decía Roque Dalton que no venimos de un huevo ni de una semilla, sino de una pústula. No exagero al atreverme a decir que si Dalton estuviera vivo, si hubiera sido testigo y partícipe de la guerra civil, en algún verso habría dicho que también somos producto de una carnicería. Por eso a veces reímos tanto o nos ponemos chistositos, para atajar la locura.

Pero soy un escritor de ficciones, no un político metido a redentor. Por eso, si la patria que me muerde es la memoria, no he encontrado otra forma de ajustar cuentas con ella más que a través de la invención. La realidad es tan grosera, imbécil y cruel que la voy a tratar sin ninguna consideración; la llamada «verdad histórica» es una chica demasiado promiscua como para creer en su canto de sirena. Decía Cioran: «Para mí, escribir es vengarme. Vengarme del mundo, de mí. Más o menos todo lo que escribí fue producto de una venganza. Por consiguiente, un alivio». Me gustaría creer que un sentimiento similar me anima, que un impulso semejante es el que me mueve a enfrentar la hoja en blanco para escribir las historias que a veces escribo. Pero creo que hay otra cosa. El misterio de la creación no puede ser revelado so pena de que el escritor de ficciones se paralice; desentrañar el mecanismo de la invención puede ser fatal, al menos en mi caso. Y la purgación de la memoria puede que sea nada más la excusa para ficcionar, para crear mundos paralelos en los cuales ejercemos una libertad que en la realidad cotidiana apenas tenemos. Y es ese ejercicio de libertad el que alivia. Por eso nos rebelamos contra las recetas, los encasillamientos, las clasificaciones fáciles. No escribo literatura de la violencia, como más de algún reseñista ha señalado: escribo literatura, a secas.

Decía Elias Canetti que él entró como un huésped en la lengua alemana, que agradecía a esa lengua el haberlo acogido y que la consideraba su patria. Somos la lengua en que escribimos. Mis particularidades geográficas, históricas y privadas son esenciales, pero más esencial es aún la lengua en que escribo. Soy un escritor en lengua castellana; es la definición que me gusta. Y la incorporación de mis particularidades en esta lengua universal es uno de mis retos; el otro es que la voluntad de libertad con que ficciono a partir de mi memoria corresponda a una voluntad de libertad en el manejo del lenguaje. La aspiración de un estilo, esa es la cuestión.

# POLÍTICA, HUMOR Y RUPTURA

Mi relación con la novela centroamericana ha sido contradictoria. Por un lado, me lamento de la flaca tradición, sostenida en grandes excepcionalidades más que en una producción vasta y variada, con un acerbo de obras muchas de las cuales ahora me dejan impasible y a las que apenas vuelvo ya. Por otro, no puedo negar que mi formación como escritor se nutrió en buena medida de esa tradición narrativa, que me hice en el seno de la literatura salvadoreña y centroamericana. Me referiré, entonces, a las novelas que me dieron un inicial sentido de pertenencia.

La primera novela centroamericana que recuerdo haber leído con la pasión del escritor en ciernes fue *Hombres contra la muerte* del salvadoreño Miguel Ángel Espino. Yo tenía veinte años de edad, escribía poemas y editaba, con un grupo de amigos, una revista artesanal cuyo nombre era *El Papo-Cosa Poética*. La novela de Espino me deslumbró y me llevó a escribir el que sería mi primer ensayo sobre ficción. Repito que yo era un mal poeta imberbe, buscaba probarme como ensayista y no sabía que terminaría escribiendo novelas. *Hombres contra la muerte* sucede en una plantación chiclera de Belice, a mediados de la década de los treinta, y tiene como principales protagonistas a un nicaragüense excombatiente del ejército del general Sandino y a un maestro salvadoreño; ambos mantienen a lo largo del libro un debate intenso —mientras conspiran contra los blancos extranjeros dueños de la plantación– sobre el mejor camino a seguir para poner fin a la explotación que padecen: si la insurrección armada o la lucha pacífica. A mediados de la década de los setenta, cuando yo leía el libro, ese mismo debate era candente en los cenáculos literarios y, por supuesto, en el seno del movimiento popular que se manifestaba en las calles de San Salvador. Miguel Ángel Espino publicó su obra en la Ciudad de México, en la editorial Costa-Amic, en 1947; era su segunda novela, muy ambiciosa, y presagiaba a un potente novelista. Pero sucumbió a la tentación de la política, se convirtió en ministro de un general y, en los avatares de un golpe de Estado, en 1948 sufrió un derrame cerebral que lo postró el resto de su vida. Más de una vez me he preguntado si el destino de Espino simboliza la historia de la mayoría de los escritores salvadoreños, quienes luego de un amorío intenso con la literatura la abandonan para quedarse con la vieja gorda política. Cuando terminé mi primera novela, *La diáspora*, decidí enviarla a un certamen convocado por la universidad jesuita de San Salvador. Exigían un seudónimo: sin ninguna duda me puse «Miguel Ángel Espino». No deja de ser significativo que haya sido en esa misma editorial mexicana Costa-Amic, donde Miguel Ángel Asturias publicara un año antes que Espino la primera edición de *El Señor Presidente* (1946), que pasó sin pena ni gloria hasta que la retomó Losada una década después en Buenos Aires; también resulta ilustrativo que Asturias, desde una tradición vecina, sea la antípoda de Espino en lo que respecta a la plena realización de su vocación literaria.

La novela de Espino, aunque emparentada con *Doña Bárbara* y otras obras regionalistas que la precedieron, era esencialmente política, de debate de ideas sobre la mejor forma de cambiar la realidad social. También lo fue la segunda novela salvadoreña que me marcó –si aún le puedo creer a mi memoria–: *Pobrecito poeta que era yo*, que fue publicada en 1976, un año después del asesinato de su autor, Roque Dalton. Mucha tinta ha corrido sobre este crimen como para que yo vuelva sobre ello. Solo diré que su novela marcó profundamente a la generación de escritores salvadoreños a la que pertenezco. Dalton no era estrictamente un novelista, sino un poeta excepcional, y por ello a esta obra se le pueden achacar sus debilidades, sus costuras, su carácter de collage en el que a veces el testimonio logra apenas ser barnizado con una manita de ficción. No obstante, Dalton evidencia una riqueza de recursos narrativos que van desde el diario íntimo, pasando por el diálogo polifónico, hasta el clásico relato de aventuras. Las historias contadas, que no se plantean como una trama cerrada, se refieren a la vida de un grupo de jóvenes poetas rebeldes en el San Salvador de los cincuenta, sus peripecias bohemias, sus dudas existenciales, su sed de vida, sus coqueteos con la conspiración subversiva (no puedo dejar de mencionar al paso, que un tema parecido, sin el barniz político y manejado con una consumada maestría novelística, es el de *Los detectives salvajes* de Roberto Bolaño). Pero más allá de sus virtudes y limitaciones, *Pobrecito poeta que era yo* contenía una crítica descarnada, irreverente, de la sociedad salvadoreña de su tiempo; expresaba una voluntad de ruptura que era la encarnación literaria del espíritu libertario y revolucionario que animaba a Roque Dalton como hombre y escritor. Y lo principal: era una obra permeada por el humor, por el desenfado, por la sátira. Y el humor no solo como un recurso literario, sino como una actitud de vida. Dalton lo expresó de la manera más condensada al decir que el gran problema de su vida había sido que nunca pudo contener la risa, una risa que seguramente le costó la vida.

La primera vez que leí *Pobrecito poeta que era yo* creí que el humor de Dalton era una excepcionalidad en la literatura salvadoreña, que procedía más bien de su identificación con los grandes iconoclastas franceses, como Rabelais y Villon, y que su irreverencia era más cercana al Henry Miller de los *Trópicos* que a la tradición centroamericana, como el mismo Dalton hace explícito en esa novela. Pero pronto comprendí que no, que el humor era una vertiente importante en la narrativa salvadoreña escrita en la primera mitad del siglo xx, un humor descendiente de la picaresca española. Menciono dos novelas que me parecen representativas de ello: *La muerte de la tórtola* de T. P. Mechín y *Andanzas y malandanzas* de Alberto Rivas Bonilla. T. P. Mechín es el seudónimo del general e ingeniero José María Peralta Lagos, quien, además de escribir relatos y comedias, tuvo el dudoso honor de haber sido el fundador de la Guardia Nacional en El Salvador, basada en el modelo de la Guardia Civil española. *La muerte de la tórtola*, publicada en 1932, unos meses después de la insurrección comunista, relata las aventuras de un atarantado corresponsal de prensa en la provincia salvadoreña durante esa época de convulsión política; *Andanzas y malandanzas*, publicada en 1936, cuenta las correrías de un hambriento perro de finca de nombre Nerón y de su misérrimo amo campesino, un tema que nos es familiar desde Cervantes.

A finales de 1981, leí una tercera novela centroamericana que ahora considero fundamental en mi formación. Yo vivía entonces en la Ciudad de México, estaba a punto de publicar mi primer libro de relatos y trabajaba como periodista para una agencia de prensa propiedad de una organización de la izquierda radical salvadoreña; era la época en que la revolución sandinista y las guerras civiles en El Salvador y Guatemala estaban en su apogeo. Bajo el título de *Los compañeros*, la novela del guatemalteco Marco Antonio Flores, publicada en 1976, relata las aventuras de un grupo de jóvenes militantes de una organización guerrillera; la acción tiene lugar en México, Cuba y Guatemala. Con un desenfado mucho más amargo que el de Dalton y un afinado manejo del género, Flores retrata la corrupción no solo de los jóvenes militantes, sino de la estructura de la guerrilla y de sus padrinos cubanos. Lo que en Dalton era ruptura de la visión dominante del conservadurismo político, en Flores se convierte en una crítica radical y descarnada a la visión idílica de los paladines de la revolución y la lucha armada. Para mí, en ese entonces promesa de narrador y con mi pluma periodística al servicio de la causa revolucionaria, la novela de Flores fue como la cachetada que se le pega al zombi para que despierte: no solo en Europa central novelistas como Milan Kundera podían abordar con sarcasmo el mundo de los comisarios políticos y los adalides revolucionarios, sino que también era posible hacerlo en Centroamérica. La novela revelaba, como hubiera dicho Juan Carlos Onetti y perdonarán ustedes la crudeza, que «los hijos de puta están en todos los bandos». No es casual, pues, que cuando cinco años más tarde me encerré a escribir mi primera novela, cuya temática gira en torno a la crisis producida por las pugnas y crímenes al interior de la izquierda armada salvadoreña, me moviera con la soltura de quien avanza por una ruta que ya ha sido abierta, sin los padecimientos del precursor. Alguna vez me he dicho que, guardando las distancias del caso, *Los compañeros* era para la literatura centroamericana lo que *Los endemoniados* fue para la literatura rusa del siglo XIX.

Que yo recuerde no hubo una cuarta novela centroamericana cuya lectura haya sido determinante en mi formación como escritor. Aclaro: las obras que influyen en un escritor no son necesariamente las mejores de la tradición a la que pertenece, sino aquellas que por *timing* y temperamento lo golpean en el momento preciso. Ni *Hombres contra la muerte* ni *Los compañeros* resisten ahora una relectura con el mismo entusiasmo de mi parte, y de *Pobrecito poeta que era yo* puedo prescindir de capítulos enteros sin que me tiemble el pulso, pero las leí en el momento en que las necesitaba para intuir lo que sería mi mundo narrativo y los recursos con que contaba. Es lógico que hayan sido tres novelas con un sustrato político: mi *timing* era la explosión de un conflicto político y social que se convertía en atroz guerra civil; mi realidad era aquella donde la violencia y el terror lo permeaban todo. Lo otro —el humor, la burla, la jodedera, las ganas de divertirse a costillas del prójimo– es el temperamento, y en cuestiones de temperamento lo natural es que uno busque a sus semejantes, de ahí mi empatía con esas obras de Dalton y Flores. Ahora que menciono el temperamento, me pregunto por qué la única y estupenda novela de Augusto Monterroso, *Lo demás es silencio* (1978), no fue decisiva en mi formación como novelista, cuando él es el más fino humorista en la literatura centroamericana y quizá latinoamericana. Y me respondo que precisamente por eso, por su «fineza» que lo lleva más bien hacia la ironía, hacia un delicado clasicismo, en tanto que en lo mío hay otra contorsión que me conduce hacia el sarcasmo y la sátira.

Por supuesto que hay más novelas centroamericanas que he disfrutado como lector, aunque de algunas de ellas solo me quede la sensación de placer y no pueda reconstruir su trama. *Te acordás, hermano* (1978) de Joaquín Gutiérrez es una de ellas; *El valle de las hamacas* (1970) de Manlio Argueta es otra; *Sombras nada más* (2002) de Sergio Ramírez es una más. Pero no me dedicaré a un aburrido *name-dropping*, ni haré juicios sobre las novelas de la generación de escritores centroamericanos a la que pertenezco (que esa es la función de críticos y académicos). En cambio, sí insistiré en que desde Rubén Darío los escritores centroamericanos asumimos que nuestra tradición literaria es la de la lengua castellana, que el hecho de nacer en países pequeños y medio tarados siempre nos ha planteado el reto de romper las estrechas fronteras físicas y mentales que nos constriñen, que nuestra condición marginal o periférica despierta una sed de universalidad que nos lleva a abrevar en las más diversas corrientes, que abrirnos a las más variadas literaturas para nosotros es cuestión de vida o muerte, dado el páramo del que procedemos.

## EL CADÁVER ES EL MENSAJE:
## APUNTES SOBRE LITERATURA Y VIOLENCIA

En mayo de 1991, luego de haber vivido diez años de exilio en México, regresé a San Salvador. La guerra civil estaba en sus estertores; las negociaciones de paz entre el gobierno y la guerrilla, impulsadas por las Naciones Unidas, avanzaban; y si bien en las noches aún era despertado con frecuencia por bombazos, tableteo de fusiles y ruido de helicópteros, intuía que los días de la violencia política estaban llegando a su fin. En efecto, siete meses más tarde, en enero de 1992, el gobierno y la guerrilla suscribieron, en el Castillo de Chapultepec, los Acuerdos de Paz que terminaron con más de una década de guerra civil en El Salvador. Para ese entonces, un pequeño grupo de intelectuales comenzábamos a publicar una revista mensual, de información y pensamiento, con la que nos proponíamos colaborar en la transición a la democracia. La idea que guiaba nuestro propósito editorial era abrir un espacio de debate que ayudara a despolarizar y desideologizar la vida política y cultural de una sociedad acostumbrada a vivir en la confrontación militar de los extremos. Dos años más tarde, a principios de 1994, guiado por ese mismo propósito, participé en la fundación y fui nombrado director del primer periódico de posguerra, *Primera Plana*; una publicación semanal en la que se involucró con entusiasmo una nueva generación de periodistas y que buscaba ampliar los espacios para el disenso. Pronto nos ganamos la animadversión de las dos fuerzas políticas que habían contendido en la guerra civil y que ahora controlaban la vida pública institucional. Nuestra iniciativa periodística murió por asfixia financiera. La construcción de un sistema democrático consistía básicamente en la integración de una nueva clase política a partir de los liderazgos que dejaron las armas: ni en lo económico ni en lo social ni en lo cultural se presagiaban cambios de fondo. Ciertamente se puso fin a la práctica del crimen como método de resolución del enfrentamiento político, pero la cultura de la violencia encontró nuevos cauces.

Luego del fracaso de nuestros proyectos periodísticos, y de nuevo expatriado, comencé a escribir novelas cuyas tramas reflejaban la cotidianidad de la posguerra en Centroamérica. Algunos críticos y académicos interesados en mi obra y en la de mis contemporáneos comenzaron a referirse a una «literatura de la violencia» o una estética «del cinismo o del desencanto», quizá como una manera de diferenciar estas nuevas obras de aquellas que se habían producido a partir de la revolución cubana, en las que se denunciaba la violencia represiva de los Estados y se justificaba la violencia de las fuerzas subversivas desde una supuesta ética revolucionaria. Ahora, en las obras del nuevo período, no había buenos ni malos, ni razón histórica de respaldo: la violencia campeaba desnuda de ideologías.

Publiqué una novela cuyo personaje central era un exsargento de un batallón contrainsurgente que —después de ser desmovilizado por el fin de la guerra civil— se dedica a la delincuencia, y que sobrevive gracias a su fría y eficiente capacidad de matar. Era un personaje de ficción, construido a partir de la información y las vivencias que acumulé como periodista en la posguerra; un personaje a través del cual reflejaba uno de los problemas fundamentales de la transición democrática en El Salvador: el reciclamiento de la violencia. Se trata de la conversión de la violencia política en violencia criminal y, en términos humanos, de la imposibilidad que tienen los jóvenes educados como feroces máquinas de guerra para reincorporarse a la vida civil, no solo por la falta de una política y de incentivos para su reinserción, sino por la profunda deformación síquica y emocional a la que han sido sometidos. Es un fenómeno común a otras sociedades que salieron de intensos conflictos armados, como Guatemala o Sudáfrica; en el caso salvadoreño, adquiere tintes dramáticos debido a que la tasa diaria de asesinatos por la criminalidad ha llegado a alcanzar el mismo nivel que durante la guerra civil. Otro de los aspectos que mi novela dejaba al descubierto era la estrecha relación entre el crimen organizado y poderosos grupos políticos y empresariales, una relación que está en el centro de los procesos de corrupción que afectan a las instituciones del Estado en varios países de Latinoamérica. Y un tercer aspecto, que para el lector resultaba evidente, era que en la posguerra las filas del crimen organizado se llenaban con excombatientes procedentes de los bandos que antes eran enemigos.

Yo no era, por supuesto, una golondrina haciendo verano. Mi libro formaba parte de una corriente literaria que en esa misma época florecía en Colombia, México y Brasil: la novela del sicario, del expolicía convertido en asesino a sueldo, del excombatiente reciclado en mercenario, del pistolero narcotraficante. Algunas novelas de Fernando Vallejo y de Jorge Franco en Colombia, las ficciones de Élmer Mendoza en México y la obra de Rubem Fonseca en Brasil son excelentes muestras de esta expresión extrema de la cultura de la violencia en las ciudades latinoamericanas.

Lo que nunca imaginé cuando escribí mi libro era que el comportamiento violento de mi personaje, que algunos lectores consideraron exagerado, a los pocos años quedaría chico ante los niveles grotescos de violencia que afectan a varios países latinoamericanos. Como muestra, un botón procedente de la misma Centroamérica: a principios de 2007, tres diputados salvadoreños del partido de gobierno fueron secuestrados en la

Ciudad de Guatemala por un comando de la policía guatemalteca, que los torturó hasta la muerte y luego quemó sus cadáveres. El jefe policial y su grupo, culpables de la atrocidad, fueron apresados, pero unos días después de su captura, otro comando entró a la cárcel de alta seguridad en que se encontraban recluidos y los degolló sin problema. Los crímenes se produjeron en medio de una pugna entre cárteles de narcotraficantes enquistados en la policía guatemalteca y en el partido de gobierno salvadoreño. La ferocidad represiva de los militares y policías guatemaltecos, que en la década de los ochenta perpetró el genocidio de decenas de miles de indígenas mayas, ahora está a la disposición del mejor postor. Comentando los hechos con mi amigo y escritor guatemalteco Rodrigo Rey Rosa, coincidimos en que nuestra capacidad de fabulación nunca tuvo los vuelos como para imaginar una trama de tal envergadura. La realidad rebasó una vez más nuestro potencial de ficción.

He aquí una situación insólita que enfrentamos algunos escritores latinoamericanos: la realidad de la violencia criminal que afecta a nuestras sociedades es de tal magnitud que nuestras obras de ficción resultan a veces conservadoras y palidecen ante los hechos cotidianos. Así, un texto que en un país europeo se consideraría una novela negra y cruda, en México, Colombia o El Salvador parecerá light frente a la lectura de la página diaria de sucesos del periódico. Mencionaré otro ejemplo ilustrativo: la ola de decapitaciones en México. En tiempos recientes, la disputa entre los cárteles de la droga y las autoridades ha adquirido dimensiones de guerra irregular, con grupos de más de cincuenta hombres, pertrechados y con técnicas de comandos especializados, que entran en combate abierto con contingentes del ejército y de las policías. Como parte de esa guerra, los grupos delincuenciales decapitan a confidentes de las autoridades, tiran el cuerpo en un sitio y más tarde dejan la cabeza con un mensaje de amenaza frente a la entrada de los cuarteles. «El cadáver es el mensaje», decía en una entrevista reciente un experto en el tema, y me parece que descubrir la cabeza de un conocido dentro de una hielera quizá sea uno de los mensajes más escalofriantes que alguien pueda recibir. No he leído todavía a un novelista mexicano que haya incorporado esos niveles delirantes de violencia en sus ficciones. Quizá estoy desactualizado o sea muy pronto; los tiempos de la literatura son los del añejamiento. O quizá las rutas de la fabulación no tienen por qué calcar la realidad en toda su grosería, y ahora el escritor buscará el acercamiento lateral, ajeno a efectismos macabros. Yo mismo deseché alguna vez la tentación de incluir una escena semejante, situada en una cárcel al occidente de El Salvador, en la que los presos jugaban fútbol usando como pelota la cabeza del jefe de la banda enemiga asesinado al calor de un motín; eso cabía perfectamente en la página de sucesos del periódico, pero era un exceso para una novela.

Debo confesar que desde un principio el concepto «literatura de la violencia» me pareció una clasificación dudosa: la literatura occidental desde sus orígenes es una literatura de la violencia, como lo evidencian los poemas épicos de Homero o las tragedias de Sófocles, y también en sus momentos culminantes ha reflejado los estados más violentos del hombre (basta recordar a Shakespeare). La mejor novela latinoamericana no ha sido ajena a ello: desde *La sombra del caudillo* de Martín Luis Guzmán, pasando por *El Señor Presidente* de Miguel Ángel Asturias, hasta *La Fiesta del Chivo* de Mario Vargas Llosa, el crimen y la tortura impune se repiten como una constante del poder político despótico; se trata de una violencia predecible, explicable desde la impunidad de las dictaduras, del poder castrense. Lo nuevo, con la implantación generalizada de la democracia en la última década del siglo XX, quizá sea la «democratización» del crimen, el absurdo de la matanza, la pérdida de referentes.

El escenario de esta nueva violencia responde a una fórmula explosiva compuesta al menos por tres elementos principales: las políticas de reducción del Estado que han conducido a una privatización de la seguridad pública; una enorme concentración del ingreso con el correspondiente crecimiento de la pobreza; y el auge del narcotráfico con su inmenso poder corruptor de hombres e instituciones. La seguridad se ha convertido en un privilegio y en el gran negocio; el Estado ha perdido el monopolio que en este terreno le compete; pequeños ejércitos privados bajo las órdenes de los barones de la droga, asociados con liderazgos políticos y empresariales, imponen su ley en Brasil, Colombia, Centroamérica y México. La descomposición del tejido social corre paralela al surgimiento de fenómenos inusitados, como la conversión de organizaciones guerrilleras supuestamente de izquierda en cárteles del narcotráfico. Parece que en el nuevo siglo entramos en *tierra de nadie*, como titulaba Juan Carlos Onetti su sugerente novela; en sitios donde la vida nada vale y cualquiera puede deshacerse de su vecino por mano propia o pagando una módica suma, donde la legalidad es una broma y el Estado de Derecho pura palabrería de los políticos.

Una novela del colombiano Evelio Rosero, titulada significativamente *Los ejércitos* (2007), refleja con virtuosismo literario esta cotidianidad de violencia sin los viejos referentes de dictadura, revolución, orden o justicia. Un profesor anciano y jubilado narra su vida en un pueblo asolado por las incursiones de tres ejércitos enemigos que combaten entre sí, y que mantienen a la población bajo el terror, el secuestro y la matanza. Puede tratarse de los ejércitos del gobierno, de la guerrilla y de los paramilitares, pero Rosero no se detiene en esos detalles, que las siglas ahora nada importan, porque tampoco nada importan las diferencias entre los tres ejércitos para el anciano narrador y los habitantes de ese poblado, civiles víctimas de la impunidad, hundidos en el mayor de los desamparos. Una obra conmovedora gracias al tono íntimo, casi mesurado, de un hombre que ha perdido toda esperanza.

Igualmente impresionante es la forma cómo el escritor chileno Roberto Bolaño pudo incorporar a su monumental novela *2666* (2004) uno de los fenómenos más espeluznantes de los últimos tiempos: la sistemática violación, tortura y asesinato de jóvenes mujeres en Ciudad Juárez, al norte de México; un feminicidio que revela la desastrosa situación en que se encuentran los aparatos de justicia en algunos países de Latinoamérica, la complicidad siniestra entre los cuerpos de policía, los poderes ocultos del gran capital y los políticos, el absurdo que rige la matanza de indefensos sectores de población ajenos a un conflicto social o político. Bolaño demostró, con su genialidad narrativa, que sí es posible tratar con eficiencia dentro de la ficción un caso de violencia generalizada de actualidad, que un fenómeno real que parece más propio de ser abordado a través del testimonio y la investigación periodística (como en efecto también ha sucedido) puede ser incorporado en la fabulación. La capacidad lúdica de Bolaño es tal que en la novela aparece como personaje un periodista real, Sergio González Rodríguez, quien fue agredido en dos ocasiones por su investigación sobre el feminicidio que luego publicó en el excelente libro *Huesos en el desierto* (2002).

Comencé este texto con el recuerdo de mi regreso a El Salvador, en los estertores de la guerra civil, con la ilusión de que como periodista era posible contribuir a la construcción de una cultura de paz, de que como un profesional que investiga y expone ante el público las relaciones de poder podía ayudar a la transformación de la sociedad. Dije también que tiré la toalla, me declaré vencido en mi esfuerzo por aportar al cambio de la realidad de mi país y me dediqué a la ficción. Ahora, dieciséis años después, compruebo perplejo que la violencia no solo se recicló en El Salvador, sino que es el nuevo gran problema de otras naciones; se ha convertido en la peste que, junto a la pobreza, mantiene en la postración a buena parte de Latinoamérica. La realidad se volvió más grosera, sanguinaria; mi trabajo, como el de otros escritores de ficción, consiste en tragarla, digerirla, para luego reinventarla de acuerdo a las leyes propias de la fabulación literaria.

# LO POLÍTICO EN LA NOVELA LATINOAMERICANA

## 1

Antes que nada, debo confesar que si alguien me dice que escribo «novela política» de inmediato me pongo en guardia. Mi reacción es primaria, pero tiene explicación. Primero, no me gusta ponerle un calificativo a la ficción que escribo; para mí se trata de novela o cuento a secas. Segundo, en los tiempos que corren, la palabra *política* está muy desprestigiada, como también lo están los políticos. Pero, pese a esa reacción primaria, debo reconocer que la política se filtra, a veces incontenible, en las ficciones que he escrito y que esta filtración procede de un hecho más contundente: la política ha sido una presencia dominante en mi vida, no porque yo haya ejercido el oficio de político —nunca lo he hecho—, sino porque esta ha sido una especie de maldición que me marcó desde siempre. En alguna ocasión he contado que mi primer recuerdo, lo que aparece más atrás en mi memoria, es un bombazo que destruyó el frontispicio de la casa de mis abuelos maternos. En ese entonces, mi abuelo era el presidente de un partido nacionalista y conspiraba para derrocar a un gobierno liberal; yo era un niño de tres años que salía en brazos de su abuela entre los escombros, el polvo y el ulular de las sirenas. Luego hubo un atentado a balazos del que mi abuelo salió con vida, campañas proselitistas y el furor partidario como el agua para beber a la hora de las comidas. Viví mi adolescencia en los prolegómenos de una guerra civil, y después me hice periodista en la cobertura de esa larga guerra. Cuento esto para explicar que nunca me propuse escribir una «novela política», sino que la política era parte del aire que me tocó respirar en mis años de formación. De ahí lo que Onetti llamó «la tara genética».

2

Pero ¿qué es la novela política?, ¿existe esa categoría o subgénero literario? Me gusta la idea de varios estudiosos del tema, para quienes el concepto «novela política» es tan elusivo como el de «novela psicológica» o «novela social»: se trataría más bien de un concepto flexible, amplio e incluyente, de fronteras maleables. Algunos, sin embargo, han intentado definirlo. El pionero anglosajón en estos estudios, Edmund Speare, en su libro titulado precisamente *The Political Novel* (1924) y en el cual compara obras producidas en Gran Bretaña y Estados Unidos, sostenía que la novela política «debía retratar actos o procesos políticos, a tal grado que estos se constituyan en el tema principal de la misma». Según Speare, «la materia principal no son las ideas o la ideología, sino los políticos en la faena: legislando, haciendo campaña, rompiendo barreras políticas, construyendo sus carreras». No obstante, advertía que su definición exigía del novelista «hacer mucho más que meramente representar los varios movimientos de la historia política» y subrayaba que «la presentación de una controversia política desde un solo punto de vista es tan mortal para la novela como para otros géneros literarios».

Unas tres décadas más tarde, el prestigioso crítico Irving Howe, en su libro *Politics and the Novel* (1957), repetía casi la misma definición de Speare: «Cuando hablo de novela política, me refiero a una novela en la cual las ideas políticas juegan un rol dominante o en la cual el ambiente político constituye el escenario principal». Sin embargo, Howe aclaraba que su definición apunta a un «énfasis dominante», a un «acento significativo». Y luego detalla: «La novela política es particularmente un trabajo de tensiones internas. Para ser una novela en sí, debe contener la usual representación de la conducta y los sentimientos humanos, pero también debe absorber en su corriente los duros y quizá insolubles perdigones de las ideologías modernas». El novelista político, según Howe, «debe ser capaz de manejar varias ideas al mismo tiempo y capturar la forma en la cual esas ideas dentro de la novela son transformadas en algo más que puras ideas de un programa político». Lo interesante en la visión de Howe es, más que las definiciones, el rico universo de obras que analiza como novelas políticas: incluye desde *Rojo y negro* de Stendhal y *Los poseídos* de Dostoievski, pasando por *Nostromo* de Conrad y *La princesa Casamassima* de Henry James, hasta las obras de Malraux y Orwell.

Muchas variantes de las definiciones anteriores se han hecho en las últimas décadas. Menciono la del académico Tom Kemme, quien en su libro *Political Fiction, the Spirit of the Age and Allen Drury* (1987), afirma que la novela política es «una obra de ficción narrativa que enfoca principalmente el ejercicio del poder político en una sociedad determinada, en la que las ambiciones, planes y actos políticos permean y unifican la novela a través de la trama y los personajes». Si bien esta definición no es tan distinta, sí lo es el objeto de su estudio: a diferencia de Howe y otros críticos que abordan obras de primer nivel de la novelística mundial, Kemme entiende la novela política como un subgénero de literatura popular, que a partir de la década de los sesenta del siglo pasado refleja los avatares de la clase política estadounidense. Un fenómeno de literatura de consumo masivo que en América Latina ha tenido algunas expresiones interesantes, como la obra de Luis Spota sobre el México priísta.

Pero a mí no me interesa la novela política como subgénero de literatura popular, más cercana al culebrón que a la obra de arte. Me quedaré con la idea de flexibilidad e inclusión que mencioné al principio: más que de una categoría, compartimiento o estanco literario, prefiero hablar de una forma de ver el mundo, de escribirlo, de leerlo; de un riesgoso cruce de caminos entre la política y la novela de ficción. Por eso no me referiré a novelistas políticos, sino a novelistas a secas, quienes en algunas de sus obras han puesto mayor o menor énfasis en la temática política, una temática que siempre tratarán con libertad y bajo las leyes específicas de la creación novelística.

## 3

Me atreveré a decir que buena parte de la más importante novelística latinoamericana producida en el siglo XX está permeada en mayor o menor grado por lo político. La explicación que se me ocurre es la siguiente: el «ser político» de América Latina es un «ser político» frustrado, en el sentido de que la gestión de la cosa pública a lo largo del siglo ha sido tan catastrófica que mantuvo a más de la mitad de la población del subcontinente viviendo en condiciones de pobreza, bajo sistemas de justicia en que reinaba la impunidad y el crimen, con instituciones políticas débiles y vulnerables, y en marcos constitucionales en que se cambiaban las reglas del juego con la frecuencia de un calzón de meretriz. Evidencia de este fracaso del «ser político» es el hecho de que, a principios del siglo XXI, para vastos sectores de población latinoamericana el único horizonte feliz sea la emigración a los países del llamado «primer mundo». No es difícil imaginar entonces que para muchos escritores haya sido natural respirar este aire político, incluso intoxicarse con él, a tal grado que lo más natural también fue que lo trasladaran a sus novelas: el fracaso de lo político en América Latina ha formado parte constitutiva del espíritu de la época, y los buenos escritores siempre tienen una relación de amor odio con el espíritu de su época.

4

Podemos dividir la novela política latinoamericana en, al menos, dos grandes bloques: aquellas en las que el peso de lo político es determinante, contundente, totalizador, y otras en las que lo político funciona como telón de fondo, como escenografía. (Esto es muy esquemático, hasta rudimentario, lo sé, pero es una manera de abrirme camino en el tema.) Una piedra angular en el primer grupo es *La sombra del caudillo* de Martín Luis Guzmán, publicada en 1929, una obra que refleja con maestría literaria las pugnas por el poder en el México posrevolucionario. Hasta hace unos años, era enseñada como el mejor ejemplo, junto con *Los de abajo* de Mariano Azuela, de la llamada novela revolucionaria en México, pero habida cuenta de que la palabra *revolucionario* ya no está de moda, conformémonos con calificarla de «política». Martín Luis Guzmán no fue solo un novelista excelente y un cronista de primera, sino que a lo largo de su vida fue un político activo, ya que en su juventud formó parte de las filas revolucionarias de Pancho Villa, luego vivió varios exilios (en especial en España, durante el último de los cuales fue secretario de don Manuel Azaña), y terminó sus días como senador del sempiterno PRI. Creo que una buena novela política, como *La sombra del caudillo*, tiene la virtud de hacernos comprender como lectores no solo una coyuntura política precisa, sino el espíritu profundo de un movimiento histórico, de una época, con esos matices y pliegues que difícilmente pueden transmitir el periodismo o los libros de historia. Este hecho, el carácter didáctico o ilustrativo que va implícito en ciertas novelas políticas, también lo comprobé con la lectura de *La novela de Perón* (1985) y *Santa Evita* (1995) de Tomás Eloy Martínez.

Yo que siempre fui duro de cabeza para comprender el peronismo, que decepcioné a ciertos amigos exmontoneros cuando intentaban explicarme los orígenes de su causa, solo pude tener por fin una luz sobre las sinuosidades de este fenómeno argentino gracias a Eloy Martínez.

Me parece que las novelas sobre dictadores latinoamericanos forman parte de ese bloque de obras en que lo político es totalizador, aunque aquí sea interesante subrayar lo de las fronteras maleables entre novela política, biografía novelada y novela histórica. Creo que la novela de dictador es una especialidad de América Latina en el panorama de la literatura mundial, lo que reafirma la idea sobre nuestro «ser político» frustrado a lo largo del siglo XX; tan frustrado que generó un arquetipo literario repugnante por lo que representa. No me referiré en detalle a estas novelas porque la mayoría de ellas no me entusiasman. Hace un par de meses intenté releer *El Señor Presidente* y el lenguaje me pareció tan anquilosado y presuntuoso que simplemente no pude; nunca logré pasar tampoco de las primeras páginas de *El otoño del Patriarca* ni de *El recurso del método*. La gran excepción para mí fue *La Fiesta del Chivo*, quizá la última novela de dictador del siglo XX, en la que Vargas Llosa condensa magistralmente la descomposición y ruindad del poder político con una estructura narrativa de gran eficacia, y con una ambición que va mucho más allá del retrato del déspota.

En cuanto a las novelas en las que lo político es apenas un ruido de fondo o una atmósfera sugerida, se me ocurre mencionar *Respiración artificial* (1980) de Ricardo Piglia. Esta obra fue escrita y publicada durante los sangrientos años de la más reciente dictadura militar argentina; no trata, sin embargo, sobre el juego de poder de ese período. Su trama es una lúdica exploración en la historia argentina desde mediados del siglo XIX, salpicada por los debates en torno a los límites entre historia y ficción, sobre el papel del escritor en la sociedad bonaerense. No obstante, su misma estructura de cajas chinas, su predilección por los claroscuros y las paradojas, son expresión de una atmósfera conspirativa y de miedo en la que para sobrevivir es indispensable la simulación.

## 5

Tal vez sea una mera coincidencia, pero tengo la impresión de que la novelística con énfasis político se ha desarrollado con mayor brío en aquellos países latinoamericanos que fueron los más importantes centros de poder durante la Colonia, es decir, los virreinatos de la Nueva España y del Perú. Contar con una tradición de excelencia en la novela política como la que va de Martín Luis Guzmán, pasando por Carlos Fuentes, hasta Héctor Aguilar Camín o, en el caso del Perú, con Arguedas, Manuel Scorza y Vargas Llosa, debe tener alguna relación con la intensidad de la vida política cortesana que hubo en esas naciones. Reconozco que esta es solo una hipótesis. Pero lo cierto es que cuando llegué a vivir a la Ciudad de México desde la remota provincia centroamericana, en el año de 1981, me impresionó el peso que tenían los escritores en la vida pública, quiero decir, en la vida política del país, y en especial su relación con el poder del Estado, una relación que en la mayoría de los casos solo puedo llamar «cortesana» y que seguramente permite que se escriban buenas novelas sobre las intrigas que suceden en la corte. En el Perú tienen el caso de un escritor que no solo escribe excelentes novelas políticas, sino que quiso convertirse en presidente de la república, lo cual visto desde esta contemporaneidad puede parecer hasta delirante, pero que en verdad se inscribe en la vieja tradición del escritor como político de oficio, y que en Latinoamérica, en el ámbito de los novelistas, viene desde Rómulo Gallegos hasta Sergio Ramírez.

# 6

Las ficciones sobre los movimientos rebeldes y revolucionarios que se produjeron a lo largo de América Latina en el siglo XX seguramente también pueden ser incluidas en lo que hemos llamado «novela política». La seducción que produjo la utopía comunista en considerables sectores de los liderazgos y la población latinoamericana tuvo su expresión novelística, así como también la ha tenido el desencanto con esa utopía. El revolucionario fracasado como antihéroe ha sido objeto de varias obras de envergadura. *Historia de Mayta* es la primera que se me viene a la mente; la saga novelística de Manuel Scorza que recrea el movimiento comunero en el cerro de Pasco es otro importante referente.

En Guatemala existe un novelista pionero y maldito en este terreno: Marco Antonio Flores. Su primera novela, *Los compañeros*, cuenta la historia de la corrupción dentro de un grupo de jóvenes guerrilleros entrenados por los cubanos (fue finalista del Premio Biblioteca Breve en 1972, y luego de mucha oposición fue publicada en 1976 en México). Su segunda novela, *En el filo* (1993), es la historia de un líder guerrillero que luego de ser capturado se cambia al bando del ejército y se convierte en torturador y asesino de sus excompañeros. Son obras escritas con mucha rabia, con un lenguaje acerado.

Otro muy buen novelista, ahora olvidado y cuya obra se enmarca cabalmente en la novela del militante revolucionario, es el mexicano José Revueltas: *Los errores* (1964) es una novela tremenda que retrata el sórdido mundo de las pugnas entre los conspiradores comunistas en el México de mediados de siglo. Y *El apando*, en su brevedad, es la mejor obra que he leído sobre el infierno de los presos políticos; no está de más recordar que Revueltas escribió esa novela en 1969, luego de su internamiento en la cárcel de Lecumberri acusado de ser el instigador del movimiento estudiantil de esa época.

Creo que este tipo de novela política –la novela del militante revolucionario, ya sea como derrotado agente del cambio o como traidor– ha sufrido un reflujo definitivo en América Latina, un reflujo causado por el hundimiento de la utopía comunista. Pero puede que yo me equivoque y que pronto volvamos a tener novelas de militantes, aunque sus causas o ideologías sean trasnochadas o fruto de entusiasmos desconocidos para mi generación. A propósito, me llama la atención nunca haber encontrado una buena novela sobre la guerrilla colombiana; todos hemos leído excelentes obras sobre la violencia y el narcotráfico en ese país, pero no conozco una ficción que con calidad literaria recree desde adentro el mundo conspirativo de las FARC, el ELN y demás grupos. Quizá existan y solo expreso mi ignorancia.

## 7

Me parece que una de las formas más sugerentes y efectivas de abordar lo político es por medio de la técnica del thriller o novela policíaca, no solo gracias a las virtudes del mecanismo del suspenso, sino porque desde lo policíaco es posible sumirse con mayor profundidad en las cloacas del poder político. Una obra ejemplar en este sentido es *Agosto* (1990) de Rubem Fonseca, en la que a través de la técnica detectivesca se refleja la corrupción de la clase política brasileña en los días que precedieron al suicidio del presidente Getúlio Vargas en 1954.

Antes de finalizar quiero mencionar a un autor que ha logrado un estilo muy particular de abordar lo político en sus novelas. Hablo del argentino Andrés Rivera (1928-2016). Dice en la solapa de sus libros que fue obrero fabril y comunista, pero lo importante es su forma de narrar, con una mirada lateral, por «el rabillo del ojo», que recuerda a Onetti, y con un lenguaje en el que las frases son como latigazos, tras cada uno de los cuales impera un silencio de miedo.

# 8

Resultará interesante comenzar a examinar cuál es el tratamiento de lo político en la novela latinoamericana escrita por autores nacidos a partir de 1970: aquellos que ya no vivieron la dicotomía revolución-contrarrevolución, que no se formaron en un mundo marcado por la utopía comunista o por la lucha contra las dictaduras militares, sino que les tocó la época de la llamada democracia, una democracia que en la mayoría de países ha servido para aumentar la pobreza, la exclusión económica y social, la corrupción y el crimen, prueba de ello, como ya lo dije, es que considerables sectores de población solo quieren largarse. Ante una región igual de saqueada y postrada por la incapacidad de sus élites, no me cabe duda de que lo político seguirá encontrando cauces de expresión en la novela.

# EL LAMENTO PROVINCIANO

Una peculiaridad del escritor que procede de un país pobre y periférico, cuya tradición nacional carece de resonancia en el concierto de la literatura mundial, es el lamento por sentirse marginado, la queja por no ser tomado en cuenta, el complejo por no ser reconocido allende las reducidas fronteras de su patria. Es lo que llamo «el lamento provinciano».

Muchos escritores de mi generación en Centroamérica hemos expresado esta peculiaridad, y me atrevería a decir que el lamento es constante a lo largo de nuestra historia. La primera vez que tuve conciencia de ello fue en la Casa de América de Madrid, en un encuentro de escritores del istmo, cuando un colega, frente a un auditorio numeroso y atento, se lamentó de que los escritores de Centroamérica no fueran tomados en cuenta por las grandes editoriales españolas ni por las metrópolis culturales. Lo paradójico era que él había sido publicado por una de las principales editoriales de lengua castellana y expresaba su lamento precisamente gracias a una invitación del centro literario y cultural quizá más importante en el mundo de habla hispana.

Más tarde advertí que otro colega de mi generación cada vez que tenía la oportunidad se lamentaba en público de tener una media docena de manuscritos terminados para los que no encontraba una editorial dispuesta a publicarlos. Al contrario de los autores que guardan celosamente, como el mejor de sus secretos, la obra inédita y la que está en proceso, él se jactaba de lo que escribía y no conseguía publicar, y hacía de su lamento una crítica a los ciegos editores que no se fijaban en su obra. Lo paradójico es que este autor ganó un significativo premio literario y su novela vencedora fue publicada también por una importantísima editorial en lengua castellana.

Luego yo mismo me sorprendí quejándome con amargura por la exigua cantidad de público asistente a las presentaciones de mi último libro traducido al francés, durante una gira por el país galo, eventos a los que, en vez de rebosantes jóvenes entusiastas, solo asistían unos cuantos pensionados de la tercera edad seguramente aburridos de pasar sus tardes en casa.

¿De qué se lamentaba mi colega en la Casa de Madrid? ¿De qué se lamentaba el colega con sus manuscritos engavetados? ¿De qué me quejaba yo en mi lánguida gira? Muy sencillo: de no ser lo suficientemente famosos.

Estarán ustedes de acuerdo conmigo en que la ambición de la fama está en mayor o menor medida en todos los corazones humanos y que no se necesita ser escritor para padecer de ello. También muchos coincidirán conmigo en que, para alguien que procede de un país periférico e insignificante en el concierto de la literatura mundial, convertirse en escritor con el solo propósito de lograr la fama es algo bastante descabellado. Por eso quisiera pensar que quizá en el trasfondo del lamento de mis colegas y del mío yacía únicamente la necesidad de llamar la atención sobre el hecho de que los escritores centroamericanos, carentes de la mínima plataforma de promoción cultural, enfrentamos una situación más difícil que aquellos que pertenecen a tradiciones con grandes plataformas de promoción como la argentina, mexicana o colombiana, para citar tres casos representativos.

En cualquier caso puedo arriesgarme a afirmar que el lamento provinciano no está relacionado con la obra literaria en sí, con el oficio de sumergirse en el corazón del hombre y a partir de ahí escribir ficciones y crear mundos literarios, sino que responde a la falta de correspondencia entre las expectativas del escritor, su legítima ansiedad por difundir su obra y la realidad de cierta marginación en la que vive.

Pero ¿no es precisamente la marginación una ventaja comparativa para un escritor que quiere ir más allá, que quiere tocar fondo, lograr la universalidad a través de la recreación de esas pasiones que se expresan en cualquier espacio y tiempo, y que tienen que ver con la esencialidad del hombre, con su aspecto inmutable, invulnerable a las épocas y que, en gran medida, se corresponde con la inmanencia del mal?

El lamento provinciano podría ser, entonces, apenas la expresión del ansia de universalidad del escritor que, en vez de concentrarse en la realización de su obra y dejar que lo demás le venga por añadidura, desperdicia sus energías en el reclamo de que su época lo reconozca. Y ese volcarse hacia fuera, ese reclamo al medio circundante, esa exigencia de reconocimiento, enceguece, enturbia, impide ver que aquellas obras cuya universalidad admiramos han sido creadas por hombres que pusieron en segundo plano la parafernalia de ser escritores y dedicaron lo mejor de sus energías a la creación de esas obras.

Cuando yo como escritor centroamericano me lamento, me quejo, estoy errando el tiro, porque he perdido de vista dos referentes fundamentales de mi oficio: primero, la escritura literaria como una fuerza inevitable que solo se debe y responde a sí misma a través de la obra; segundo, el ejemplo de mis mayores que trascendieron por la dimensión de su obra. A esto algunos llamamos tradición, una tradición que para mí solo tiene sentido atada indisolublemente a la universalidad. De Rubén Darío a Augusto Monterroso, de Rafael Landívar a Roque Dalton, de Miguel Ángel Asturias a Ernesto Cardenal, en la franja de territorio ubicada entre Chiapas y Panamá han surgido escritores cuyas obras resplandecen no solo en la historia de la literatura en lengua castellana, sino en la literatura mundial. Desde las crónicas de la conquista hasta la producción de los escritores actuales, encontramos en Centroamérica una literatura rica y diversa, una literatura que hurga con intensidad en su tiempo, en las aberraciones políticas, en las desigualdades sociales, en las pasiones personales y que también puede apelar a la más pura fantasía.

No es este el momento ni yo la persona adecuada para trazar un panorama exhaustivo de esta literatura, pero sí puedo decir que en el último siglo destacan obras fundamentales que alumbran problemáticas esenciales de los seres humanos y de las sociedades que habitan en el istmo; obras que expresan una búsqueda de lenguajes y la concreción de estilos que han enriquecido, y muchas veces lanzado hacia delante, la literatura en lengua castellana. La enorme fuerza de la poesía nicaragüense, por ejemplo, que arranca con Darío y tiene un punto culminante en Carlos Martínez Rivas; otro ejemplo es la narrativa guatemalteca, que abarca desde la frondosidad de las novelas de Asturias y Monteforte Toledo, pasando por la delicada ironía de Monterroso, hasta desembocar en la furia de Marco Antonio Flores y en la fineza de Rodrigo Rey Rosa.

Pero vivimos en una época en la que la Fama tiraniza como nunca a los hombres. De ello se desprende la impresión dominante: la vida del escritor y su éxito son más importantes que su obra. Esta falacia nos hacer perder de vista las dificultades, las condiciones adversas, las dudas y tanteos, en medio de los cuales han sido escritas obras fundamentales de nuestra cultura. Ilustrativo resulta al respecto el recuerdo de un Miguel Ángel Asturias, a sus cuarenta y siete años, deambulando embriagado por la Ciudad de México, exiliado por su complicidad con la dictadura de Ubico, derrotado por el fracaso que significó la publicación de *El Señor Presidente*, cuya edición él mismo financió con un dinerito que le envió su madre y de la cual no se vendieron ni cincuenta ejemplares en el México de entonces. No me cabe la menor duda de que en ese momento Asturias expresaba, más que un lamento provinciano, una queja existencial profunda, un aullido de desesperación, una pérdida de referentes y de sentido, y que si pudo salir del pozo en el que se encontraba no solo fue gracias a las generosas manos amigas que lo ayudaron, sino a una tremenda fe en su obra, porque ella siempre estará más allá de las taras, las equivocaciones y las virtudes del escritor como hombre. Nos formamos en una tradición nacional y regional que pronto nos encorseta, crecemos a partir de la conciencia de la lengua heredada y maduramos cuando nos sentimos a gusto en lo que Goethe y Kundera llaman la Welt-literatur. Monterroso, ese pequeño gran escritor, lo decía con precisión: no importa dónde se nace si se quiere ser escritor, lo que importa es irse a tiempo, ya sea físicamente o con la imaginación.

# DE CUANDO LA LITERATURA ERA PELIGROSA

Me pregunto hasta dónde la atmósfera cultural en la que un joven decide hacerse escritor influye para siempre en su visión del oficio y de la literatura. Me lo pregunto porque recordar aquel ambiente que vivimos en San Salvador quienes nos asumimos como escritores en los años 1975-1979 aún me resulta estimulante, aunque a muchos lectores seguramente les parecerá más ficción que realidad. Y me lo pregunto en especial en estos momentos en que la obra de Haroldo Conti, un escritor determinante para nosotros en aquella época, está siendo reeditada y revalorada tanto en España como en Latinoamérica.

San Salvador era entonces una ciudad ajena a los circuitos culturales de las grandes urbes latinoamericanas como Buenos Aires, Ciudad de México y La Habana. No había una sola revista cultural, ni un suplemento literario ni una editorial dedicada seriamente a la literatura. Más de cuarenta y cinco años consecutivos de gobiernos militares habían creado una atmósfera asfixiante en la que la disensión, la expresión de una sensibilidad social o la exigencia de justicia eran consideradas «subversión comunista».

No había estímulo alguno para asumir el oficio de la escritura literaria en tales circunstancias. Tratar de convertirse en escritor era un sinsentido, manifestación de una voluntad de rebeldía que conduciría a la acción política o una mala estrella a secas.

Cuando yo comencé a estudiar Letras en la Universidad de El Salvador en 1976, la facultad parecía más un campo de concentración que un campus universitario. Penetrar en sus instalaciones era un desafío: pelotones de guardias armados con escopetas y subametralladoras, apostados a la entrada del recinto, exigían la credencial estudiantil y cacheaban a cualquiera que quisiera ingresar. Esos mismos guardias –a quienes, por sus uniformes, llamábamos «los verdes»– recorrían los pasillos, escopeta en mano, y se detenían en el umbral de las aulas, a media clase, amenazantes. Alambradas dividían las distintas facultades y, si uno quería ir de una a otra, había que cruzar un puesto de chequeo.

Tal atmósfera llegaba al absurdo: los profesores no podían escribir la palabra *marxismo* en sus programas de estudio y apenas la pronunciaban con sigilo en clase. Así, en mi programa de Historia del Arte, el libro *Estética y marxismo* de Adolfo Sánchez Vásquez se titulaba nada más *Estética…*

Pero el control militar de la sociedad solo cubría una olla de presión. En la misma universidad la conspiración bullía subterránea y varios profesores no se dejaban doblegar por el miedo. Uno de ellos fundó una pequeña librería a la que llamó «Neruda». No sé por qué recovecos del destino, o del mercado, pronto comenzó a importar libros argentinos: bellos tomos de Librería Fausto, Fabril Editora, Siglo Veinte y Sudamericana llenaban sus estanterías. Gracias a él nos iniciamos en la lectura de la mejor literatura contemporánea, ávidos como estábamos de contactar con el mundo desde aquel hoyo infame. Ahí compré *Sudeste* (1962), la primera novela de Conti, en la edición original de Fabril; y me parece que ahí también conseguí la primera edición de su segunda novela, *Alrededor de la jaula* (1966), publicada por la Universidad Veracruzana. La librería Neruda no iba durar mucho: los militares la dinamitaron en 1979, si mal no recuerdo. A su dueño –aquel silencioso y tranquilo profesor de Letras, pálido y de ojos rasgados– un comando del ejército lo asesinó el último día de octubre de 1984, cuando salía de su casa para llevar a su pequeña hija a la escuela. Su nombre era Reynaldo Echeverría.

Estoy seguro de que la edición de Casa de las Américas de *Mascaró, el cazador americano* (1975) que llegó a manos de nuestro grupo de jóvenes poetas, allá por 1977, no la importó la librería Neruda, ya que no había forma de hacer negocios entre San Salvador y La Habana. Seguramente alguien la metió subrepticiamente desde Costa Rica. ¿Por qué nos conmovió tanto leer esa novela de Conti (entonces ya un escritor «desaparecido» por los militares argentinos)? ¿De qué manera esa historia de un pobre circo ambulante transformó nuestras vidas? Resulta que entonces nosotros editábamos una efímera y artesanal revista literaria y acabábamos de leer *Mascaró* cuando, como en un acto de prestidigitación, un joven filósofo −convertido en organizador de redes clandestinas entre los sindicatos− llegó a ofrecernos un artículo precisamente sobre los artistas circenses. Y así como el circo del Príncipe Patagón liberaba la energía creativa de los espectadores en los perdidos pueblos de la pampa para que luego Mascaró organizara su reclutamiento, el libro de Conti había liberado nuestras energías al mostrarnos que todo gran arte es en esencia subversivo, para que entendiéramos que la vida no estaba en otra parte sino ante nuestras narices, donde la guerra se fraguaba a plomo y sangre. La identificación fue tal que un poeta de nuestro grupo, Miguel Huezo Mixco, se fue a la guerra los siguientes diez años bajo el seudónimo de «Haroldo», en homenaje a Conti, claro está, aunque también acicateado por el ejemplo de otros poetas combatientes como Ungaretti, Cendrars y Char.

Por supuesto que la obra de Conti es mucho más que un llamado a la dignidad y a la valentía. Yo, por ejemplo, desde entonces me he quedado buscando uno de sus textos −incluido en una antología del cuento ocultista, publicada en Buenos Aires− en el que narra las vicisitudes de un hombre atormentado por sus demonios que va en busca de un maestro a la montaña. Mi madre quemó esa antología en 1980, junto a la mayoría de mis libros que dejé en su casa, ante un inminente cateo del ejército. No recuerdo la editorial ni el título. Desde entonces, lo he buscado en antologías e índices bibliográficos, pero el cuento permanece tan oculto como los restos de su autor.

# EL ESCRITOR Y LA HERENCIA

Con frecuencia me pregunto qué significa ser un escritor salvadoreño. No lo hago por mero ocio o masoquismo, sino porque haber vivido en varias ciudades muy alejadas de mi lugar de origen me ha obligado a enfrentar situaciones en las que mis interlocutores me piden señas de identidad. Supongo que todo escritor que sale de sus fronteras, sin importar su procedencia, tiene que lidiar en uno u otro momento con esta situación. Pero también comprendo que no es lo mismo presentarse como un escritor español, argentino o mexicano, por dar un ejemplo, que hacerlo como uno boliviano, costarricense o salvadoreño. En el primer caso, Cervantes, Borges y Paz han realizado una respectiva presentación de credenciales que facilita al escritor visitante la interlocución en tierras lejanas; en el segundo, tenemos que dar referencias, explicaciones, contar, inventarnos, convencer. En el primer caso, la tradición habla y el escritor solo deberá afinar una apreciación o precisar detalles; en el segundo, la tradición no cuenta y el escritor tendrá que ingeniárselas por sí solo para presentar sus señas de identidad. Al principio este puede ser un desafío interesante, aunque luego es posible que se convierta en algo predecible, fastidioso. Cuando a la ignorancia de mi interlocutor sobre mi lugar de procedencia se suma su corrección política, yo suelo decir, a modo de presentación, que el más importante escritor de mi país, Roque Dalton, era un terrorista que murió asesinado a manos de sus propios camaradas acusado de traidor. Mi interlocutor, con una sonrisa nerviosa, preferirá cambiar de tema. Pero, más allá de esas travesuras, ¿significa esto que no tenemos una tradición literaria?, ¿que nuestra orfandad es absoluta? Por supuesto que no. Significa que nuestra tradición no cuenta fuera de nuestro territorio, que allende las fronteras apenas es conocida por unos pocos expertos. ¿Por qué? Me parece que si algo nuestro no es importante para nosotros mismos, tampoco lo será para los otros. Y que a la desoladora condición interior que padece la literatura salvadoreña corresponde su no existencia en los circuitos exteriores. En términos prácticos, esta circunstancia implica que el escritor no tendrá una plataforma nacional ni internacional sobre la cual sostenerse para publicar y promover su obra. Si su vocación no es ahogada muy pronto por esa falta de estímulos, si está empecinado en construir una obra contra viento y marea, el escritor deberá partir de una circunstancia: su hábitat natural será la adversidad y contará nada más que con sus propios recursos para hacerle frente. ¿Cuáles recursos? La perseverancia para desarrollar el oficio en condiciones difíciles, robando tiempo al tiempo, y la capacidad de resistencia para sobrevivir ante la indiferencia del medio, aferrado a la idea de que una obra de valor se abre camino por sí sola, aunque sea lentamente.

Algunos rebatirán mis afirmaciones, dirán que las condiciones para la literatura salvadoreña han cambiado en los últimos años, que estoy desactualizado, que ahora hay más espacios, más eventos, más estímulos que hace diez o veinte años. Y quizá tengan razón. A finales de julio de 2010, visité por primera vez El Salvador tras seis años de ausencia. Me invitó el Centro Cultural de España: tuve un conversatorio con el poeta Miguel Huezo Mixco en la sede de esa institución. Temí que asistiera muy poco público, porque esa misma noche de jueves estaban programadas otras cuatro actividades literarias en la ciudad: la poeta Claribel Alegría recibiría un homenaje, los encargados de la revista *Cultura* presentarían su nuevo número, una novelista de origen libanés daría a conocer su reciente obra y la académica Beatriz Cortez lanzaría su estudio sobre la literatura centroamericana de posguerra titulado *Estética del cinismo*. Que en una ciudad como México D. F. o Madrid haya cinco eventos literarios una noche de jueves puede parecer normal, pero que sucediera en San Salvador me impresionó, aunque enseguida me pregunté si se trataría de una conspiración para arruinar el conversatorio en el que yo participaría. Por suerte no fue así y los cinco eventos contaron con numeroso público. «Algo está sucediendo aquí», me dije a solas en mi habitación de hotel esa misma noche; algo que yo no he percibido por vivir en el extranjero. Pero ¿qué es lo nuevo? ¿Realmente se ha producido una transformación en los valores de las élites, gracias a la cual la literatura, que antes era vista con el mayor de los desprecios, ha pasado a tener un mejor lugar en el orden de intereses? ¿Ha cambiado el clima adverso al que me referí anteriormente, caracterizado por la ausencia de casas editoriales, librerías, revistas, suplementos literarios? ¿Se ha creado un mercado para el libro de literatura, una plataforma de apoyo a la producción y distribución de obras, una política de estímulo y promoción? ¿O se trata nada más de un entusiasmo por los «eventos», expresión local de una tendencia internacional que promueve festivales en los que a los escritores nos toca «bufonear» un rato para cumplir con el rito dominante de la llamada *celebrity culture*?

Una de las satisfacciones que tuve durante mi breve visita a El Salvador fue encontrar de nuevo a Claribel Alegría, una escritora que a sus ochenta y seis años rezumaba entusiasmo y vitalidad, y cuya agenda de actividades me hizo sentir exhausto. A Claribel también tenía seis años de no verla, pero esa última vez, en marzo de 2004, coincidimos en un almuerzo en casa de doña Violeta Chamorro, en Managua, ciudad donde la poeta reside desde hace casi tres décadas. Ahora, en San Salvador, la suerte quiso que nos alojáramos en el mismo hotel, en habitaciones casi enfrentadas, lo que permitió que disfrutáramos un par de largas veladas, conversando y escanciando whisky, y tras las cuales solo pude seguir preguntándome cómo ha hecho esta mujer para conservar su desbordante energía. Quizá su secreto esté relacionado con una actitud de asombro ante la vida semejante a la que mantuvo a Ernst Jünger con la curiosidad a flor de piel hasta cumplir el siglo. Claribel nació en Estelí, Nicaragua, pero a muy corta edad llegó a Santa Ana, en el occidente de El Salvador, de donde era originaria su madre. En esa provincia estudió y se empapó de historias de injusticia, en especial de la masacre de campesinos de 1932 que luego recreó en su novela *Cenizas de Izalco*. Después viajó a realizar estudios universitarios a Washington; ahí su buena fortuna la puso en el camino de Juan Ramón Jiménez, de quien se convirtió en discípula. A partir de ese momento, su destino de poeta estuvo trazado: vinieron libros y viajes que la llevaron a radicarse en Ciudad de México, Santiago de Chile, París y en un pueblito de Mallorca, en el que era vecina de Robert Graves, de quien luego traduciría sus poemas. Finalmente recaló en Managua, al calor de la revolución sandinista, donde escribió a cuatro manos con su marido Bud Flakoll libros testimoniales de dudoso valor literario sobre las luchas revolucionarias en Centroamérica en la década de los ochenta.

Nunca le pregunté a Claribel qué significa para ella ser una escritora salvadoreña, cómo lo asume —muchas reseñas biográficas la ubican como poeta nicaragüense, de forma semejante a mí me clasifican como narrador hondureño—, o si esta preocupación alguna vez tuvo sentido para ella. Cada escritor construye su propia ruta, encarna su propio destino. Pero a veces hay pautas de comportamiento que se repiten y que, más allá de su incidencia en la calidad de las obras, conforman un modo de ser escritor en un espacio y tiempo determinados. Por ejemplo, en México se repite la pauta del escritor asalariado del Estado, ya sea como burócrata o diplomático, una pauta social que viene desde la época cortesana; o en los Estados Unidos, donde los llamados departamentos de escritura creativa de las universidades funcionan como fábricas de autores. Me he preguntado sobre las pautas que se repiten en el escritor salvadoreño. Claribel parecería un caso especial: hija de un extranjero, salió de El Salvador en su primera juventud, hizo su carrera literaria en varias metrópolis y nunca volvió a vivir en su país. Pero ¿no podríamos aplicar este mismo modelo, con otros contenidos, a Dalton: hijo de un millonario gringo, que salió de El Salvador en su primera juventud, que hizo su carrera literaria en La Habana y Praga, y que solo volvió a su país a morir? Dicen que toda comparación es odiosa, pero lo cierto es que ambos renegaron de esa aridez literaria llamada tradición que les tocó padecer en el país —Dalton hasta se burló descarnadamente de «glorias» locales como Francisco Gavidia y Alberto Masferrer—, y que ambos construyeron su obra pese a esa tradición: Dalton, confrontándola con un desenfado corrosivo; Claribel, apenas tomándola en cuenta.

Son dos casos sobresalientes; otros escritores salvadoreños han seguido pautas distintas. Y es que cada quien hereda una historia, una tradición literaria, unos valores familiares que ayudan a conformar su visión de mundo; el escritor puede asumir esa herencia, renegar o pelearse con ella. Nada de esto mejorará la calidad de su obra o la hará peor. Su valor no depende de la acumulación social o de la voluntad colectiva invertida en ella. El trabajo de un creador literario no es un trabajo de equipo, por eso es uno de los oficios más solitarios del mundo. Ser un escritor salvadoreño significa poco, como también significa poco ser un escritor de Mongolia o de Francia. La nacionalidad ofrece un conjunto de referencias históricas y culturales, nada más, pero la calidad de la obra literaria no depende ni es limitada por estos referentes. Los grandes escritores son precisamente aquellos que, sin verse constreñidos por su herencia, ofrecen una nueva forma de leer el mundo. Ese es el significado que cuenta.

## EN LOS LINDEROS DEL ASOMBRO

Empecé a escribir cuentos sin proponérmelo. Apenas alcanzaba mis veinte años, escribía poemas y me consideraba poeta; la narrativa me parecía algo ajeno. Supongo que el hecho de vivir en el fragor de una guerra civil me intoxicó de realidades contundentes, de historias que no cabían en el verso, de ansias de contar. De pronto me encontré escribiendo cuentos como si fuesen poemas, con la misma sensación de asombro, con la misma espontaneidad, sin la racionalidad del narrador que todo lo planifica. Y desde entonces asocio la escritura de cuentos con la magia de la poesía, con un invisible que moldea la historia y la convierte en verbo seductor, con un invisible que teje a partir de anécdotas y que solo me usa para plasmarlas en papel.

No concibo el cuento como un ejercicio de racionalidad. Pensar en él, definirlo, diseccionarlo, buscarle sus secretos, me parece mortal. Al menos esa ha sido mi experiencia. Hace un par de años, por necesidades económicas, decidí dar un taller de cuento. Y me apasioné con la cirugía, con el desmontaje de un género que según yo me pertenecía. Lo que no sabía, lo que estaba fuera de mis previsiones, es que ese conocimiento me aniquilaría, que fisgonear en los secretos del oficio acabaría con mis posibilidades de ejercerlo. Desde ese momento no escribo un solo cuento, como si por hurgar en los cofres privados de mi amada ella hubiera decidido abandonarme. Porque el cuento huyó de mí como antes lo hizo la poesía y he quedado en el desamparo, enamorado, a la espera de su regreso.

La memoria que mantiene viva mi pasión, lo que me seduce, es el placer de lo maravilloso. Ese instante en el que se rasga la cotidianidad, cuando lo que era una historia cualquiera —un hecho que en otra situación pasaría desapercibido— se transforma en el punto de partida de un relato que se inventa y reinventa; lo maravilloso, que en otras ocasiones es un personaje que me ronda, un personaje que no me explico por qué entra a mansalva en mi mente del modo más inesperado, hasta que uno de sus rasgos se convierte en el detonante para la escritura; lo maravilloso que también puede ser la frase que se mastica y mastica, esa frase que zumba dentro de mi oído y que gracias al viejo olfato intuyo que esconde el comienzo de algo, esa frase que de súbito desencadena el torrente de palabras. Ahora escribo en tiempo presente, pero ya lo dije: es el recuerdo de ese instante que me excita.

Me he sentido más cómodo al escribir cuentos cuya historia me es lejana, en los que no me agazapo detrás de un personaje, donde la trama no parte de algo que he padecido, de una vivencia demasiado untada a mi piel, de una herida reciente. Prefiero esas historias que me llegan de manera lateral, oblicua, que apenas escuché al pasar, que «entreví con el rabillo del ojo» (la frase no es mía, lo sé). Entre más lejos de lo autobiográfico, más libre me he sentido para fabular. Pero eso no niega que algunos de mis cuentos se originen en viejas cicatrices: el dejo a ajuste de cuentas entonces permanece en el paladar, ajuste de cuentas que también causa regocijo. La emoción con la que escribí estos cuentos tiene otra textura, retorcida, casi perversa, que suelta una poca pelusilla de culpa.

A veces me pregunto si mi actual imposibilidad de escribir cuentos tiene que ver con cierta influencia de ese nefasto modelo del novelista de éxito, del escritor de mamotretos que fascinan a las editoriales y a las agentes literarias (el pavoroso mínimo de los doscientos folios, por Dios). Si así fuera, si por querer entregarme mercantilmente a la novela el cuento me hubiera abandonado, bien merecido lo tendría. Y mis esperanzas de recuperar el asombro no serían más que farsa, impostura.

Pero una chicuela con aire conocido ha comenzado a aparecer en mi mente con singular insistencia. Y una frase está zumba que zumba en mi oído…

# SEGUNDA PARTE

LA METAMORFOSIS DEL SABUESO

# LA METAMORFOSIS DEL SABUESO

La patria de un escritor es su lengua: afirmación propia de escritores desterrados, apátridas, de aquellos a quienes les ha tocado padecer extremismos nacionalistas o étnicos. Elias Canetti quizá sea el postrero de los narradores centroeuropeos de la primera mitad del siglo xx, testigos del desmoronamiento del Imperio austrohúngaro, formados bajo la influencia de la Viena esplendorosa y luego decadente. Karl Kraus, Hermann Broch, Robert Musil, Joseph Roth y Canetti conforman esa saga impresionante: ninguno fue alemán, pero todos escribieron en lengua alemana.

«Yo soy solo un huésped en la lengua alemana, que no aprendí hasta los ocho años, y el hecho de que ahora me den la bienvenida en ella significa para mí aún más que haber nacido dentro de su ámbito», afirmó Canetti en un discurso pronunciado en la Academia de Bellas Artes de Baviera en 1969. El caso de este búlgaro hijo de comerciantes sefarditas resulta ilustrativo: su lengua materna fue el español antiguo (ladino), luego aprendió inglés y francés, hasta que finalmente llegó al alemán y a Viena (en su primer tomo autobiográfico, *La lengua absuelta*, de 1977, Canetti relata ese itinerario). Y permaneció en la lengua alemana para siempre, pese a haberse radicado varias décadas en Londres poco antes del inicio de la Segunda Guerra Mundial.

La deuda de Canetti es con esa lengua, pero también con la saga de escritores centroeuropeos que le precedieron. Los ensayos y discursos incluidos en *La conciencia de las palabras* (1975) expresan su voluntad de asumir esa deuda y de pagarla con creces. Kraus, Broch y Kafka merecen la atención principal. Y el eje de la reflexión en torno a ellos es uno: el significado de ser escritor.

En un discurso pronunciado en Viena en 1936 con motivo del quincuagésimo aniversario de Broch, Canetti enumeró los tres atributos «que deben exigírsele a un escritor para que adquiera alguna significación en nuestro tiempo», atributos que además le parecieron «perfectamente válidos e inmodificables» a lo largo de su vida y que en sus momentos de parálisis creativa llegó a llamar −«no sin cierta presunción», aclara− los «tres mandamientos».

El primer atributo: el escritor debe ser «el sabueso de su tiempo». La fundamentación resulta casi un lugar común −«el verdadero escritor vive entregado a su tiempo, es su vasallo y su esclavo, su siervo más humilde»−, pero la descripción del sabueso es impecable: «Recorre una por una sus motivaciones [de su tiempo], deteniéndose aquí y allá, arbitrariamente en apariencia, pero sin tregua (…), reacio a volver cuando lo llaman, impulsado por una inexplicable propensión al vicio. Sí, ha de meter en todas partes su húmedo hocico sin que se le escape nada (…). Lo que le distingue es la siniestra perseverancia en su vicio, este goce íntimo y prolijo interrumpido por sus carreras (…). Este vicio une al escritor con el mundo que lo rodea en forma tan directa e inmediata como el hocico une al sabueso con su coto de caza». Un vicio «siempre inconfundible, violento, primitivo». El escritor que se deja poseer por él «acaba luego debiéndole lo esencial de su experiencia creativa». Más adelante, Canetti insiste: «Un escritor es original o no es escritor. Lo es de un modo profundo y simple, en virtud de aquello que hemos dado en llamar su vicio. Y lo es en grado tal que ni él mismo lo sospecha. Su vicio lo impulsa a agotar el mundo, tarea que nadie podría hacer por él».

Si el segundo atributo planteado por Canetti no es novedoso —el escritor debe tener una «voluntad seria de sintetizar su época, una sed de universalidad que no se deje aislar por una tarea aislada»—, el tercero contiene una realidad avasallante: «La tercera exigencia que habría que plantearle al escritor es la de estar en contra de su época. Y en contra de toda su época, no simplemente contra esto o aquello: contra la imagen general y unívoca que de ella tiene, contra su olor específico, contra su rostro, contra sus leyes. Su oposición deberá expresarse en voz alta y cobrar forma, nunca anquilosarse o resignarse en silencio».

De ahí la contradicción permanente, la desgarradura, lo que hace del escritor un ser tortuoso, tensionado, siempre en el límite: la exigencia de vivir entregado a su época y, al mismo tiempo, de estar contra ella. Canetti lo dice de esta manera: «Y este mismo sabueso, que se pasa la vida entera siguiendo los dictados de su hocico, sibarita y víctima abúlica a la vez, libertino y presa de otros al mismo tiempo, esta misma criatura ha de estar constantemente contra todo, tomar postura contra sí misma y contra su vicio, sin poder liberarse nunca de él, proseguir su tarea, indignarse y encima ser consciente de su propia disyuntiva. Es una exigencia realmente cruel, y es también una exigencia radical, tan cruel y radical como la muerte misma».

La relación de Canetti con Broch fue cercana, al menos en la década de los treinta. En un ensayo en el que relata las circunstancias en las que escribió su única novela, *Auto de fe*, dice que por esa época leyó a Musil y a Broch, «cuyas obras me dejaron una impresión muy profunda, y los conocí personalmente». Unas líneas más adelante revela que «cuando, en 1935, fue decidida su publicación [de *Auto de fe*], Broch, con una obstinación inusual en él, me instó a que renunciase al nombre de Kant [como se denominaba el personaje principal]». Y en el prólogo a otro libro de Canetti, *Las voces de Marrakesh* (1967), el traductor afirma que Broch, «en una presentación que se ha hecho memorable, caracterizó, allá por 1933, la personalidad pública de Canetti como la de "un *spaniol* educado entre Suiza y Austria"».

La relación de Canetti con Kraus, a quien dedica sendos ensayos en *La conciencia de las palabras*, pasó de la admiración hipnótica al distanciamiento. «En la primavera de 1924 –hacía pocas semanas que yo había regresado a Viena– unos amigos me llevaron por primera vez a una conferencia de Karl Kraus», cuenta Canetti en ese primer ensayo en el que pone el «acento principal sobre el Kraus vivo, particularmente sobre el Kraus que hablaba a mucha gente al mismo tiempo. Nunca será lo suficientemente repetido: el verdadero Karl Kraus, el Kraus que nos sacudía, atormentaba y aniquilaba, el Kraus que se nos metía en la carne y en la sangre, que nos conmovía y agitaba a un grado tal que luego necesitábamos años para reunir fuerzas y hacerle frente, era el Kraus *orador*. En los años que tengo de vida no he conocido a un orador igual a él en ninguno de los ámbitos lingüísticos europeos que me son familiares».

Canetti recrea el papel jugado por Kraus en la Viena de entreguerras. Lo califica como «el despreciador más drástico de la literatura universal desde Quevedo y desde Swift, esa especie de azote de Dios que se abatía sobre la humanidad culpable». Kraus era «la contrafigura de todos los escritores, de la enorme mayoría de escritores, que untan con miel la boca de los hombres para ser amados y alabados por ellos». Y tenía dos instrumentos: «La literalidad y el horror». El primero se expresaba a través de su «maestría absoluta al usar citas ajenas», de manera tal que «tenía el don de condenar a los seres humanos por sus propias bocas»; el segundo, gracias a «su capacidad de producir espanto», lo que convertía a Kraus en «el maestro del horror».

Canetti reconoce haber aprendido dos lecciones de Kraus: la primera, «un sentido de responsabilidad absoluta»; la segunda, «Kraus me abrió los oídos, y nadie hubiera podido hacerlo como él. Desde que lo escuché, no me ha sido posible no escuchar». Sin embargo, hubo algo que paulatinamente fue predisponiendo a Canetti en contra de Kraus. «Lo primero que ocurría después de haber escuchado diez o doce conferencias de Karl Kraus o de haber leído *Die Fackel* [el periódico que este dirigía y escribía íntegramente] durante uno o dos años, era una disminución general de la voluntad de juzgar *por sí mismo*. Se producía una invasión de veredictos drásticos e inexorables respecto a los cuales no subsistía la más mínima duda.» Por eso, Canetti necesitó rebelarse contra semejante dictadura, una dictadura a la cual se sometió voluntariamente y que le sirvió como modelo a superar.

En el segundo ensayo —un discurso pronunciado en la Academia de las Artes de Berlín en 1974—, Canetti hace una relectura de Kraus a partir de la publicación de la correspondencia que este sostuvo con Sidonie Nádherný von Borutin, una noble bella y sensible que también fue pretendida por Rainer Maria Rilke. La correspondencia permite abordar la obra maestra de Kraus, *Los últimos días de la humanidad* (1918-1919), desde otra óptica: la del escritor que funde la pasión amorosa y su obsesión por la verdad en una tensión que lo lleva a concentrar las energías necesarias para construir una obra monumental. Canetti recorre detalladamente el romance de Kraus con Sidonie (las cartas abarcan veintitrés años), en especial a través de los convulsionados años de la Primera Guerra Mundial, y aprovecha para reiterar algunas características de Kraus: lo llama «el máximo escritor satírico de expresión alemana», un autor que «rebosa siempre del deseo y la insaciabilidad del ataque» y que posee «un tipo muy determinado de sustancia que yo llamaría "homicida"».

Kraus fue presentado a Sidonie el 8 de septiembre de 1913 en el café Imperial de Viena. Aproximadamente un año antes, la tarde del 13 de agosto de 1912, en la casa de la familia Brod en Praga, Franz Kafka conoció a Felice Bauer, una joven residente en Berlín a la que convirtió en su obsesión amorosa y, más importante, en el objeto de su correspondencia durante los siguientes cinco años. Felice Bauer sobrevivió al escritor praguense, conservó las cartas y en 1955, cinco años antes de morir, las vendió al editor de Kafka. La publicación de la correspondencia de Franz Kafka a Felice Bauer se convirtió en motivo para que Canetti escribiera uno de sus más agudos y seductores ensayos, «El otro proceso de Kafka» (incluido originalmente en *La conciencia de las palabras*).

A través de la correspondencia, y a partir de los aspectos anecdóticos de la relación de Kafka con Felice, Canetti sigue dos rutas principales de lectura: la primera arroja un retrato profundo del escritor praguense; la segunda busca establecer interconexiones entre la relación de Kafka con Felice y la novela *El proceso*. Y es que Canetti advierte que «no se trata de un epistolario fútil que sea un fin en sí mismo ni de una simple satisfacción, sino que está al servicio de su *escritura*». Prueba de ello es que dos días después de la primera carta a Felice, Kafka escribió de un tirón en una noche *La condena*, en la semana siguiente surgió *El fogonero*, y en esos dos meses escribió cinco capítulos de *América*. Y, por si lo anterior fuera poco, en medio de esa etapa, en una pausa de dos semanas, escribió *La metamorfosis*. Se trata del primer gran período creador de Kafka, según Canetti.

Para el autor checo, la escritura, más que oficio y vocación, era destino, una especie de martirologio. Canetti afirma que las cartas a Felice «testimonian cinco años de tortura». Nada más alejado de Kafka que el ejercicio de la escritura como placer lúdico; su pasión es atormentada, obsesiva, tortuosa, excluyente. Las citas escogidas por Canetti así lo evidencian. «Mi modo de vida está organizado únicamente en función de la escritura», asegura Kafka en una carta del 1 de noviembre de 1912; antes había dicho: «Cuando quedó claro en mi organismo que escribir era la actividad más fecunda de todo mi ser, todo confluyó hacia ella, dejando desiertas mis otras facultades»; y en la carta del 14 de enero –a propósito del deseo de Felice de estar a su lado mientras él escribía– responde: «Escribir significa abrirse por completo. Por eso uno nunca puede estar lo suficientemente solo cuando escribe; por eso nunca puede estar rodeado del suficiente silencio cuando escribe, y hasta la noche resulta poco nocturna. Por eso nunca dispone uno de bastante tiempo, pues los caminos son largos y es fácil extraviarse».

Kafka era un tipo incapaz de amar, de mantener relaciones estables. Concebía el matrimonio como una esclavitud que le impediría escribir. Por eso rompió en dos ocasiones su compromiso con Felice. Y ese miedo, y esas rupturas, fueron detonantes para la escritura de *El proceso*. Canetti –excelente sabueso al fin– rastrea con minuciosidad la manera en que Kafka transformó su relación con Felice en material novelístico. «El proceso que a lo largo de dos años se había ido desarrollando entre Felice y él a través de su epistolario, se convirtió entonces en aquel otro *Proceso*», explica Canetti.

Pero la correspondencia de Kafka revela mayores profundidades. «El grado de intimidad de estas cartas es inconcebible –dice Canetti–, no hay informe alguno de un hombre perennemente titubeante que pueda comparársele, ni personalidad que se haya desnudado tan íntegramente.» Y es que «su capacidad de hurgar en su propia sensibilidad y naturaleza es despiadada y terrible», de ahí que el miedo sea, junto a la indiferencia, «su principal sentimiento frente a los seres humanos». Canetti hurga con especial fruición la concepción del poder en Kafka: «Hay algo profundamente conmovedor en ese tenaz intento de sustraerse a cualquier forma de poder por parte de un ser desprovisto de él», dice, y luego enfatiza que «entre todos los escritores, Kafka es el mayor experto en materia de poder: lo vivió y configuró en cada uno de sus aspectos». Pero la experiencia del poder en el escritor checo tiene su sustento en la humillación y la impotencia, lo que explica su tendencia a «metamorfosearse en algo pequeño», a convertirse en topo o insecto, aspecto que lleva a Canetti a afirmar que «el único escritor realmente chino por esencia que puede ofrecer Occidente es Kafka».

El miedo, la humillación y la impotencia solo pueden conducir al fracaso, un fracaso que permeó la totalidad de la obra de Kafka, y también su vida. Canetti dice al respecto: «La libertad de fracasar es preservada como una especie de ley suprema capaz de garantizar un escape en cada nueva encrucijada. Nos inclinamos casi a denominarla libertad del débil, que busca su salvación en las derrotas. El triunfo es un tabú: en esta fórmula se manifiesta su auténtica forma de ser, su relación particular con el poder».

Si *La conciencia de las palabras* abre con el discurso sobre Broch, sigue con los ensayos sobre Kraus y tiene su momento culminante en la lectura de las cartas de Kafka –aunque también incluya textos sobre Büchner, Confucio y Hitler, entre otros–, Canetti no podía cerrar el libro sino con un texto síntesis, titulado precisamente «La profesión de escritor», un discurso pronunciado en Múnich, en enero de 1976, cinco años antes de que el escritor búlgaro recibiera el Premio Nobel. La insistencia de Canetti en reflexionar en torno al significado de su oficio es asombrosa. Luego de afirmar que «hoy en día nadie puede llamarse escritor si no pone seriamente en duda su derecho a serlo», propone que «tal vez valga la pena preguntarse si, dada la situación actual de este planeta, exista algo en virtud de lo cual los escritores –o los que hasta ahora han sido considerados como tales– puedan ser de utilidad». Canetti es enemigo de la frivolidad, por eso le desagrada la pretensión y la fanfarronería que muchas veces se esconden detrás de la palabra *escritor*. Las modas, el éxito, la tiranía del marketing y el fútil espectáculo resultan ajenos a alguien que heredó de Kraus «la voluntad de responsabilizarse por todo cuanto admita una formulación verbal».

La tentación de aventurar una fórmula de síntesis le gana a Canetti: el escritor sería «alguien que otorga particular importancia a las palabras; que se mueve entre ellas tan a gusto, o acaso más, que entre los seres humanos; que se *entrega* a ambos, aunque depositando más confianza en las palabras; que destrona a estas de sus sitiales para entronizarlas luego con mayor aplomo; que las palpa e interroga; que las acaricia, lija, pule y pinta, y que después de todas estas libertades íntimas es incluso capaz de ocultarse por respeto a ellas. Y si bien a veces puede parecer un malhechor para con las palabras, lo cierto es que comete sus fechorías por amor».

A diferencia de los tres atributos planteados cuarenta años antes en el discurso con motivo del aniversario de Broch, ahora Canetti sostiene que lo que un escritor debe poseer «es su condición de custodio de las metamorfosis, custodio en un doble sentido». Primero, en lo que respecta a la herencia literaria de la humanidad (la *Odisea* de Homero y las *Metamorfosis* de Ovidio serían los puntales de la tradición occidental); segundo, en lo relativo al don del escritor de practicar la metamorfosis en su contemporaneidad. Canetti argumenta que es tarea del escritor «mantener abiertos los canales de comunicación *entre* los hombres», para lo cual «debería poder metamorfosearse en *cualquier ser*, incluso el más ínfimo, el más ingenuo o impotente». La sombra de Kafka es apabullante. El escritor «debería estar libre de cualquier aspiración a obtener éxito o importancia, ser una pasión para sí, precisamente la pasión de la metamorfosis». Y es que «solo a través de la metamorfosis, entendida en el sentido extremo en que empleamos aquí el término, sería posible percibir lo que un ser humano es detrás de sus palabras». Se trata, pues, de «un proceso misterioso». De ahí Canetti aventura otra definición: «La verdadera profesión de escritor consistiría, para mí, en una práctica permanente, en una experiencia forzosa con todo tipo de seres humanos, con todos, pero en particular con los que menos atención reciben, y en la continua inquietud con que se lleva a cabo esta práctica».

Las metamorfosis posibilitan que el escritor cumpla otra de sus tareas primordiales: «Crear cada vez más espacios en sí mismo». Pero tal creación de espacios puede llevar al caos. Algo que, en vez de inquietar, estimula a Canetti. «El escritor está más próximo al mundo si lleva en su interior un caos, pero a la vez se siente responsable de dicho caos; no lo aprueba, no se encuentra a gusto en él ni se considera un genio por haber dado cabida a tantos elementos contrapuestos y sin ilación entre sí; aborrece el caos y no pierde la esperanza de superarlo tanto por él como por los demás.» La imagen del sabueso que reniega de sí mismo y de su vicio coincide con la del escritor que lucha contra el caos causado por sus metamorfosis.

He aquí, pues, el itinerario seguido por Canetti en su definición del escritor: un sabueso vicioso y renegado inspirado por Broch asume responsabilidad por sus palabras bajo el ceño fruncido de Kraus y practica el don de las metamorfosis gracias a Kafka. Si *Masa y poder* (1960) es considerado el libro por excelencia de Canetti, *La conciencia de las palabras* es algo más que un tributo a la lengua alemana y a los escritores que lo precedieron: se trata de una de las reflexiones más lúcidas sobre el significado y las implicaciones de asumir el oficio de escritor.

# CORRERÍAS DE CORTESANOS

## 1. EL VERANO RUSO

Exhausta, con los nervios molidos y la policía napoleónica en sus talones, madame de Staël cruzó la frontera rusa el 14 de julio de 1812. La fecha le impresionó por su simbolismo: veintitrés años después de la toma de La Bastilla «se cerraba para mí el ciclo de la historia de la Revolución de Francia», escribiría más tarde. Tenía cuarenta y seis años; había escapado sigilosamente de su propiedad suiza en Coppet el 23 de mayo y en esas siete semanas —acompañada de sus dos hijos y de su recién estrenado marido Albert de Rocca— cruzó Austria y la Galicia polaca en un coche a todo galope. Respetada en los salones de las principales cortes europeas, hija de un famoso banquero y político (Jacques Necker) de Luis XVI y escritora de renombre, madame de Staël cometió empero el único error irremediable para una intelectual cortesana de la época: enemistarse con Napoleón Bonaparte.

Dos temperamentos fuertes, dos vanidades extremas, dos seductores susceptibles: Napoleón y Germana Necker (su nombre de soltera) estaban hechos para detestarse. El desprecio del general victorioso hacia la escritora se convirtió en una creciente inquina de ella hacia él. La primera parte de las memorias de madame de Staël, tituladas *Diez años de destierro* (1818), está dedicada precisamente a su aversión hacia Bonaparte. Se trata, por supuesto, de la historia de la víctima, de la escritora indefensa ante la cólera del tirano, de otro episodio de esa larga confrontación entre el intelectual y el poder despótico.

La relación pasional de madame de Staël con Benjamin Constant, opositor a Bonaparte, fue el primer motivo para que el inminente emperador hostigara y terminara enviando al destierro a la escritora. Tampoco fue ajeno a esta discordia el hecho de que el concurrido salón de madame de Staël en París –«desde la infancia ha sido la conversación mi mayor placer», afirma en sus memorias– sirviera como nido de conspiración contra Bonaparte.

Un juicio inicial de la escritora marcará la pauta del libro: «La única especie de criatura humana que [Napoleón] no alcanza a comprender es la de quienes siguen una opinión con sinceridad, cualesquiera que puedan ser las consecuencias». Y de ahí en adelante el tono será más beligerante: «No tolera que en todo el universo, ni para dirigir los imperios, ni para los detalles de la vida casera, exista una voluntad que no dependa de la suya». A propósito del asesinato del duque de Enghien, dice que «Bonaparte, al llenar la condición del crimen, puesta en lugar de la condición de ser propietario, exigida en otros países, daba la certidumbre de que no serviría nunca a los borbones»; pero advierte que «ya va siendo hora de enseñarle que también la virtud es viril, y más viril que el crimen con toda su audacia».

Madame de Staël destaca la desproporción de fuerzas entre los dos adversarios: «No puede uno figurarse lo que es un hombre a la cabeza de un millón de soldados y con mil millones de renta, dueño de todas las prisiones de Europa, con los reyes por carceleros y con la imprenta a su disposición, mientras los oprimidos apenas disponen del regazo de la amistad para quejarse». Y se pregunta: «¿Cuál es su patria? La tierra que le acata sumisa. ¿Cuáles sus conciudadanos? Los esclavos que obedecen sus órdenes».

Y es que el encumbramiento de Napoleón no hubiera sido posible sin la complicidad del pueblo francés. Madame de Staël parece conocer a profundidad las debilidades de sus compatriotas y enfila contra ellas: «En los franceses, los apetitos del amor propio pueden más que las exigencias del carácter. Una cosa extraña, y que Bonaparte descubrió con gran sagacidad, es que los franceses, tan rápidos en la percepción del ridículo, se ponen muy gozosos en ridículo, si con ello su vanidad se sacia de algún modo». Su queja contra las aventuras conquistadoras de Bonaparte se generaliza: «Es inaudita la facilidad con que al pueblo más espiritual de la tierra se le hace tomar por estandarte de guerra una tontería». Pero ella misma se explica esa facilidad: «Bonaparte quería deslumbrar a los franceses»; y lo logró.

Alejada de París, de sus intrigas y de sus placeres, de aquellos escritores que antes frecuentaron su salón —«esos filósofos que encuentran siempre motivos filantrópicos para estar bien con el poder»—, madame de Staël se siente sola, desprotegida, pues ninguno de sus amigos —ni Talleyrand, ni Fouché, ni siquiera José Bonaparte— puede hacer algo contra la inquina del emperador. Lo que la mantiene, lo que le da fuerza, es la espera de su obra *Alemania*, que ya ha sido aprobada por la censura y se encuentra en talleres. Entonces se produce el zarpazo artero del emperador: cuando los diez mil ejemplares de la obra ya están impresos y listos para la venta, la policía napoleónica los decomisa, ordena su destrucción y le concede a la autora tres días para abandonar Francia.

Madame de Staël se derrumbó: «Saber que iban a machacar toda la edición y que tenía que separarme de los amigos que sostenían mi ánimo, me hizo llorar». Decide exiliarse en Inglaterra (su «patria adoptiva»), pero Napoleón lo sabe gracias a su red de confidentes («espían la desgracia, único objeto que se presenta a sus ojos») y le cierra los puertos y las rutas de fácil acceso a la isla. Es cuando la escritora decide partir hacia Viena, luego cruza Galicia y arriba a la frontera rusa. Pero la sombra de Bonaparte es casi tangible: sus tropas siguen una ruta semejante al iniciar en junio su frustrada conquista de Rusia.

Pese a la fatiga —«a mitad de camino sufrí un ataque de nervios»— y al miedo de ser alcanzada por las huestes de su enemigo, madame de Staël mantiene una lucidez que le permite hacer un retrato impecable de la Rusia de Alejandro. «Lo que los ingleses llaman *confort* y nosotros comodidades, es apenas conocido en Rusia», dice al salir de Kiev. Y cuando está a punto de llegar a Moscú afirma: «Lo característico de este pueblo es un no sé qué de gigantesco en todos los órdenes; en nada pueden aplicársele las dimensiones ordinarias. La audacia y la imaginación de los rusos no tienen límites; todo en ellos es colosal más bien que proporcionado, audaz más bien que reflexivo, y si no logran su fin es porque lo rebasan».

El paisaje ruso la impresiona, pero más la cultura, las costumbres. «El silencio ruso es cosa extraordinaria; versa únicamente sobre aquello que les inspira vivo interés (...) su conversación prueba tan sólo su cortesía; jamás descubre sus sentimientos y opiniones», se lamenta la locuaz parisina. Y enseguida los retrata con trazo conciso: «Impetuosos y reservados al mismo tiempo, más capaces de pasión que de amistad, más altivos que delicados, más devotos que virtuosos, más valientes que caballerescos, y de tal modo violentos en sus deseos, que nada les detiene cuando se trata de saciarlos».

En Moscú, madame de Staël reflexiona sobre el retraso de los rusos en el terreno cultural. «La poesía, la elocuencia, la literatura no existen en Rusia; el lujo, el poderío y el valor son los principales objetos del orgullo y de la ambición; todas las otras maneras de distinguirse parecen aún vanas y afeminadas a esta nación», dice cuando quien sería el fundador de la literatura rusa, Alexander Pushkin, era un mozalbete de trece años. Madame de Staël recuerda la famosa frase de Diderot —«los rusos se pudren antes de madurar»— y atribuye este estado de cosas a la educación: «En Rusia hay una gran escasez de hombres instruidos, en cualquier ramo de que se trate», de ahí que «su capacidad de meditación es hasta ahora muy escasa».

Al llegar a San Petersburgo, la escritora francesa profundiza en sus observaciones culturales y las asocia con la situación política. Dice: «Los rusos, como todos los pueblos sometidos al despotismo, son más capaces de disimulo que de reflexión». Y más adelante explica: «El carácter de los rusos es tan apasionado, que las ideas, a poco abstractas que sean, no gustan; sólo les divierten los hechos; aún no han tenido tiempo ni gusto para reducir los hechos a ideas generales». La perspectiva es descarnada, aunque no pierda el recato: «Los rusos intentan sobreponerse por la rapidez al tiempo y al espacio; pero el tiempo sólo conserva lo que él mismo funda, y las bellas artes, aunque tengan por primera fuente la inspiración, no pueden prescindir del trabajo reflexivo».

Una vez en San Petersburgo, madame de Staël es conducida a la corte, donde conoce a la familia real y al emperador Alejandro, quien en un momento de la conversación le dice: «No soy más que un accidente venturoso». Ella, sorprendida, piensa: «¡Cuánta virtud necesita un déspota para ser juez del despotismo!». Y a partir de ahí, sus opiniones sobre la cultura política de los rusos son filosas. Lo que más llama su atención es la habilidad para la conspiración que conduce al crimen: «Los mismos cortesanos que no se atreven a decir a su amo la más inocente verdad, saben conspirar contra él; un disimulo profundo acompaña necesariamente a ese género de revolución política, pues hay que seguir colmando de respeto al mismo que se intenta asesinar». El recuerdo del asesinato del emperador Pablo I (perpetrado once años atrás) aún permea la visión de la escritora francesa: se refiere a «unas instituciones en las que hay que contar con el crimen como contrapeso del poder».

El poder de los militares es absoluto. «En Rusia es noble todo lo que posee un grado militar», lo que explica que en ese momento los rusos únicamente hayan «tenido hombres de genio en la carrera militar; en las demás artes sólo son imitadores; bien es verdad que la imprenta tampoco entró en Rusia hasta hace ciento veinte años». Por eso no hay que perder las esperanzas. La propia madame de Staël predice ese florecimiento de la literatura rusa que se producirá medio siglo después: «Arribarán al genio en las bellas artes, y sobre todo en la literatura, cuando encuentren el modo de expresar con el lenguaje su natural verdadero, del mismo modo que lo expresan con sus acciones».

Mientras madame de Staël se empapa de la vida rusa, las tropas napoleónicas y las del emperador Alejandro pelean fieramente. Los resultados de las batallas llegan pronto a San Petersburgo. El empuje de las tropas francesas resulta en ese momento incontenible. Ella critica al general ruso De Tolly y se atreve a una recomendación: «El arte militar que conviene a los rusos es el ataque. Hacerlos retroceder, aunque sea por un cálculo discreto y bien fundado, es enfriar en ellos la impetuosidad que constituye su fuerza».

Pero Germana Necker va de paso; su destino es Inglaterra. A fines de septiembre se embarca con rumbo hacia Finlandia —«lo infinito es tan terrible a nuestros ojos como placentero al alma», piensa en alta mar—, luego se establecerá en Estocolmo (donde escribirá parte de sus memorias) y ocho meses más tarde alcanzará Londres. Sintetiza su visión de la sociedad rusa en una frase: «Una administración defectuosa, una civilización reciente y unas instituciones despóticas». Y el demonio del que huye no solo tiene un nombre, sino que se repite a través de los siglos: «La empresa de la monarquía universal, el más temible azote que puede amenazar a la especie humana».


## 2. PIERNAS DE HOMBRE

Cincuenta y nueve años antes de la travesía de madame de Staël, un renombrado escritor francés que abandonaba apresuradamente la corte del rey de Prusia era detenido en la ciudad de Fráncfort, despojado de parte de sus pertenencias y mantenido durante doce días en un humillante arresto domiciliario. Era el inicio del verano de 1753 y el fin de la estadía de Voltaire en la corte de Federico II.

Lo que había comenzado como una relación de halagos mutuos, de admiración recíproca y de una constante invitación por parte del rey a que el escritor formara parte de su séquito, terminaba de una manera bochornosa. La orden de Federico era detener a Voltaire porque este se había apoderado de sus textos; la verdad es que se trataba de un último desquite. El escritor, contratado para corregir los poemas del monarca, se dedicaba tras bambalinas a burlarse de ellos, o al menos, ese era el chisme que había llegado a los oídos de Federico.

Voltaire se refiere a su relación con Federico en parte de su correspondencia y en otros escritos, pero también dejó inédito un breve texto (apenas unas setenta páginas impresas), titulado *Memorias de la vida de Voltaire escritas por él mismo*, el cual, dedicado casi completamente a contar su relación con el rey de Prusia, evidencia que este no se equivocaba al temer la maledicencia del escritor.

La correspondencia entre ambos comenzó en agosto de 1736. Federico asumió el trono en 1740 y persistió en su invitación a que Voltaire se instalara en la corte prusiana, mientras él se excusaba bajo el argumento de que no podía abandonar a su amante, la marquesa du Châtelet. Voltaire visitó al rey dos veces en 1740. Un tercer encuentro, en condiciones peculiares, se produjo en 1743: Voltaire fue a Berlín como agente secreto con la misión de averiguar si el rey de Prusia ayudaría a Francia en su guerra contra Austria e Inglaterra. La más larga estadía de Voltaire en territorio prusiano —una vez que accedió a ser empleado de Federico, luego de la muerte de la marquesa— se inició en 1750 y terminó tres años después.

Una frase lapidaria escrita con motivo de su salida hacia Berlín describe los primeros cincuenta años de la vida de Voltaire y la fragilidad de las expectativas que lo acompañaban: «Era mi destino correr de un rey para otro, aunque amaba mi libertad con idolatría».

La revelación de las costumbres sexuales de Federico quizá haya sido el mayor atrevimiento de Voltaire en sus *Memorias*. A propósito de las insistentes invitaciones del rey, Voltaire escribe: «Ya le había notificado yo que me era imposible establecerme en su corte; que anteponía la amistad a la ambición; que estaba ligado a la marquesa du Châtelet, y que, filósofo por filósofo, prefería una dama a un rey. Aunque no le gustaban las mujeres, Federico aprobaba mi franqueza».

Voltaire aborda las inclinaciones sexuales de Federico descarnadamente, sin consideraciones morales, con una ironía que por momentos roza la sorna. Cuenta que cuando aún era príncipe, su padre, el entonces rey Federico Guillermo —«un verdadero vándalo, que en todo su reinado sólo pensó en amontonar dinero y en sostener, con el menor gasto posible, las mejores tropas de Europa»— lo encerró en una fortaleza con un soldado a su servicio. «El soldado, joven, guapo, bien formado y que tocaba la flauta, sirvió de más de una manera para divertir al preso. Tantas bellas cualidades labraron después su fortuna. Lo he conocido ayuda de cámara y primer ministro al mismo tiempo, con toda la insolencia que esos dos cargos infunden.»

Voltaire asegura que Federico «no tenía vocación para el bello sexo». Y que una vez en el trono, como más bien «gustaba de los hombres guapos, pero no de los hombres grandes», destinó al llamado regimiento de gigantes —la unidad de combate preferida de Federico Guillermo— para servir como lacayos de la reina.

Voltaire describe con detalle la rutina cotidiana del rey en las primeras horas del día: «Vestido y calzado Su Majestad, el estoico concedía unos instantes a la secta de Epicuro; mandaba llamar a dos o tres favoritos, tenientes de su regimiento, o pajes, o cadetes. Tomaban café. Aquel a quien arrojaba el pañuelo quedábase con el rey medio cuarto de hora. Las cosas no llegaban nunca a los últimos extremos, ya que el príncipe, en vida de su padre, salió muy mal parado de sus amores pasajeros y no menos mal curado. No podía desempeñar el primer papel; tenía que contentarse con los segundos». Enseguida, como si no hubiese sido suficientemente explícito, Voltaire afirma: «Concluidas estas diversiones de colegiales, los asuntos de Estado ocupaban su atención». Y más adelante suelta, casi con un guiño, la siguiente frase: «El rey tocaba la flauta como un artista consumado.»

La única mujer de la que Federico estuvo «un poco enamorado» en presencia de Voltaire fue una bailarina de origen veneciano, llamada La Barberina; el entusiasmo del monarca se debía a que ella «tenía piernas de hombre», gracias a lo cual le pagaba más que a tres ministros de Estado juntos.

Voltaire en ningún momento baja la guardia mientras permanece en Berlín. Sabe que su relación con el rey está basada en la vanidad, la seducción, el ditirambo mutuo. «Me trataba de hombre divino; yo le trataba de Salomón. Los epítetos no nos costaban nada. Algunas de esas insulseces se han impreso en la colección de mis obras; por fortuna, no han impreso ni la trigésima parte.» Es consciente, además, de que Federico consideraba que «sus versos y su prosa eran muy superiores a mi prosa y a mis versos, ateniéndose al fondo de las cosas; pero creía que, respecto de las formas, podía yo, en calidad de académico, limar un poco sus escritos; no hubo seducción ni lisonja que no empleara para hacerme ir a su lado». No cuesta imaginar el rictus de desprecio de Voltaire mientras corregía a solas los versos del monarca.

Pero formar parte de una corte encabezada por un rey poeta y músico también tenía sus ventajas. Las comidas eran filosóficas. «Cualquiera que llegase de improviso y nos oyera hubiera creído, al ver aquel cuadro, oír a los siete sabios de

Grecia en un burdel. Jamás en ningún lugar del mundo se ha hablado con tanta libertad de las supersticiones humanas ni se las ha tratado con más burla ni desprecio. A Dios se lo respetaba; pero no perdonábamos a ninguno de los que en nombre suyo han engañado a los hombres.»

La otra ventaja para Voltaire consistía en el jugoso salario que le pagaba Federico. Y es que para el escritor francés su libertad estaba íntimamente ligada con su situación económica. Dice al respecto: «He preferido siempre a todo la libertad. Pocos escritores proceden así. La mayor parte son pobres; la pobreza enerva el ánimo; un filósofo en la corte cae en igual esclavitud que el primer dignatario palatino». La certeza de esta convicción resplandece más adelante: «A fuerza de ver literatos pobres y despreciados, pensé hace mucho tiempo que no era cosa de aumentar su número». Por eso invirtió su dinero en Suiza, lejos de los dominios del rey prusiano.

Voltaire asegura que cayó en desgracia con Federico a causa de una calumnia de Maupertuis, presidente de la Academia de Berlín, quien habría contado al rey que el escritor francés consideraba malos sus versos. El desprecio que Voltaire muestra hacia sus críticos contemporáneos solo es comparable con la envidia y las intrigas de estos contra aquel. Llama a sus colegas franceses «excrementos de la literatura». Y una vez que sale de Prusia decide establecerse en su propiedad de Ginebra, lejos de París, donde prevalecen «la locura y el encono por querellas pueriles».

Locura como la que llevó al cardenal de Tencin, obispo de Lyon, a creer que podría reconciliar a los reyes de Francia y de Prusia, contando con Voltaire como intermediario (a quien el clérigo había hostigado en Lyon). La negociación terminó en un fiasco, para satisfacción de Voltaire y para desgracia del cardenal, quien «a los quince días murió de pesadumbre». Sobre este caso el filósofo reflexiona: «Nunca he comprendido bien que uno se muera de pesar, ni cómo un ministro o un cardenal viejo, que tienen el alma tan dura, conservan, no

obstante, sensibilidad suficiente para que un sinsabor pequeño los hiera de muerte: mi propósito había sido burlarme de
él, mortificarle, pero no darle muerte».

La correspondencia entre Voltaire y Federico continuó
pese al incidente de Fráncfort y a que nunca volvieron a en-
contrarse. Cuando el rey prusiano se debatía a punto de ser
derrotado por las tropas francesas y austriacas, escribió a Voltaire revelándole su decisión de suicidarse. Este le aconsejó
que abriera negociaciones. Pero al final el genio militar de
Federico se impuso, y Voltaire concluye sin rencor: «No hubo
más remedio entonces que perdonarle sus versos, sus burlas,
sus picardihuelas y hasta sus pecados contra el sexo femenino.
Todos los defectos del hombre desaparecieron ante la gloria
del héroe».

Los editores de las *Memorias de la vida de Voltaire escritas por
él mismo* aseguran que Federico alcanzó a leerlas y que «pareció insensible a lo que había en ellas de injurioso, sin duda
porque su razón le hizo comprender que los dardos lanzados
contra su avaricia, su dureza y sus pretensiones poéticas —reacción de un sentimiento de venganza contra él— dan mayor
peso a lo que en la misma obra se dice acerca de su genio y de
su valor».

## PLEITO DE POETAS:
## EL CLÉRIGO *VERSUS* LADY MACBETH

Las relaciones entre el escritor y el poder político nunca han sido ni serán sencillas, en especial si el escritor se ha implicado, aunque sea temporalmente, en el ejercicio de ese poder. La «luna de miel» entre la mentalidad crítica del escritor y el sentido de obediencia que demanda el poder dura poco y pronto se convierte en un agrio divorcio, muchas veces en medio del escándalo. Los detentadores del poder siempre guardan especial encono hacia los escritores que una vez los apoyaron y aplaudieron, con quienes incluso compartieron las mieles del poder, y que luego se convierten en feroces críticos: los escritores reservan sus mejores dardos para aquellos políticos en los que una vez creyeron y que después los decepcionaron. Ambas partes se sienten traicionadas y se reservan un intenso rencor. La relación entre Voltaire y Federico II es el ejemplo por antonomasia. La historia de América Latina contiene también varios casos. El último de ellos es el de la Nicaragua sandinista, difundido por la prensa como una confrontación entre el presidente Daniel Ortega y el poeta y sacerdote Ernesto Cardenal, pero que, en realidad, tiene matices de un sainete entre excamaradas poetas.

El caso salió a la luz pública internacional a finales de agosto de 2008, luego de que Cardenal asistiera a la toma de posesión del presidente paraguayo Fernando Lugo, donde dio declaraciones en las que acusó a Ortega de ladrón y de haber traicionado a la revolución. A su regreso a Managua, Cardenal se encontró con la sorpresa de que un viejo juicio por difamación –del que ya había sido sobreseído en 2005– era desempolvado por un juez adicto a Ortega, quien condenó al poeta a pagar una multa de mil veinticinco dólares. Él afirmó que prefería ir a la cárcel antes que pagar (la ley nicaragüense impide que personas mayores de ochenta años vayan a la cárcel y el poeta tenía ochenta y cuatro). Entonces, el juez congeló las cuentas bancarias de Cardenal.

Hasta ahí el caso parecía una típica situación en la que el poder ejecutivo manipula al judicial para reprimir a una voz disidente, un patrón de comportamiento que el gobierno de Ortega aplicó a aquellos sectores exsandinistas que se opusieron a su política de alianza con los excontras y de sometimiento a la jerarquía católica. Cardenal fue ministro de Cultura del sandinismo desde el triunfo de la revolución en 1979 hasta un poco antes de la derrota electoral en 1990. Su ruptura pública con Ortega se produjo en octubre de 1994, cuando lo acusó de haber «secuestrado» al Partido Sandinista (FSLN) y de haber perpetrado un «robo descarado» de los bienes expropiados durante la revolución, fenómeno conocido como «la piñata». En octubre de 2001, cuando Ortega se disponía a contender de nuevo por la presidencia, Cardenal hizo público un comunicado (suscrito también por los escritores Sergio Ramírez y Gioconda Belli) en el que lo acusaba de haber «secuestrado» la democracia en Nicaragua y llamaba a no votar por él. Ortega ganó finalmente la presidencia en 2006. Un año después, el poeta denunciaba una conspiración en su contra orquestada por Ortega y su esposa Rosario Murillo para detener una iniciativa de varias personalidades que proponían a Cardenal para el Premio Nobel de Literatura. Y luego vino el escándalo por lo de Paraguay.

Las ideas de Cardenal sobre dictadura y libertades democráticas, sin embargo, resultan equívocas y más bien hacen pensar que sus diferencias con Ortega se movían en un terreno resbaladizo que iba más allá de lo político. ¿Cómo explicar que en varias entrevistas en las que el poeta afirmaba que en Nicaragua se vivía una «creciente represión» en el marco de «una dictadura familiar», enseguida pasara a definirse como «un admirador de la revolución cubana»? ¿No es hasta ingenuo preguntarse si el régimen de los hermanos Castro –la dictadura familiar *per se* del continente– hubiera enfrentado la disidencia de un escritor como Cardenal de una forma más dura y terminante que la de Ortega?

Una lectura atenta de las denuncias del poeta y, en especial, del tercer tomo de sus memorias titulado *La revolución perdida* (2003), permite comprender que detrás de la confrontación con Ortega existía un campo de batalla solapado en el que «las bajas pasiones arden», como diría un locutor deportivo, y en el cual el presidente de la república quizá era apenas el emisario del verdadero enemigo de Cardenal, de su némesis: la primera dama y también poeta Rosario Murillo. «Ella es la que realmente manda en el país», reconoció en febrero de 2009 el propio Cardenal luego de revelar que Ortega padecía una «enfermedad sanguínea» (entiéndase leucemia) que le impedía exponerse al sol y de achacar a Murillo la campaña en su contra.

La confrontación entre Cardenal y Murillo data de 1979, cuando al triunfo de la revolución sandinista el primero fue nombrado ministro de Cultura pese a las ambiciones de la segunda para ocupar esa cartera. El prestigio de Cardenal era más grande que la capacidad de intriga de Murillo en ese período. No obstante, la esposa del mandamás de la Junta Revolucionaria de Gobierno logró hacerse con la dirección del suplemento cultural semanal «Ventana», publicado por el periódico *Barricada*, órgano oficial de los sandinistas. Desde esa trinchera, Murillo se habría dedicado a hacer trabajo de zapa en contra del poeta, según detalla él en sus memorias. Un nuevo forcejeo entre ambos tuvo lugar cuando se fundó la Asociación Sandinista de Trabajadores de la Cultura (ASTC), del cual Murillo salió victoriosa al convertirse en secretaria general de tal organismo. Cardenal recibió el tiro de gracia en 1988, mientras hacía una visita oficial a Japón, cuando el gobierno decretó el cierre del Ministerio de Cultura y en su lugar creó un Instituto de Cultura en el que la primera dama pasó a ser directora.

A lo largo de ese período, que corre de 1979 a 1994, pese a los agravios recibidos, Cardenal le fue fiel a Ortega. Incluso escribió en abril de 1991, luego de la derrota electoral de los sandinistas, un prólogo a un libro de Sergio Ramírez (*Confesión de amor*, 1991) en el que destaca un panegírico a Daniel Ortega: «Su rostro transfigurado por la dureza, junto con su modestia, su humildad y su identificación con los humildes de Nicaragua», dice el texto que luego seguramente ruborizaría a Ramírez y Cardenal.

Hasta aquí la historia se limitaría a una confrontación a dos niveles entre un poeta disidente y una poeta primera dama: un nivel político, en el que Cardenal fustigaba el nuevo perfil del FSLN, aliado con sus antiguos enemigos (los contras y la jerarquía católica), y abocado a reproducir el modelo somocista de perpetuación familiar en el poder; y un nivel personal, en el que Cardenal aprovechaba su prestigio internacional para desquitarse en una larga lista de supuestos agravios perpetrados en su contra por Murillo y a lo que ella respondió azuzando al Poder Judicial para que mordiera los tobillos del poeta.

Pero lo que le imprimió un carácter singular al caso fue el perfil de Murillo, su ambición y aparente falta de escrúpulos. La poeta inició su relación marital con Ortega en 1979, en Costa Rica, unos meses antes de que los sandinistas asaltaran el poder. Ella llevaba dos niños de un matrimonio anterior. La chiquilla, Zoilamérica Narváez, tenía entonces once años de edad y desde ese momento comenzó a ser acosada sexualmente por su padrastro, quien consumaría la violación cuatro años más tarde y la convertiría en su víctima durante más de una década, según la denuncia presentada por ella ante organismos de justicia nacionales e internacionales. Yo conocí a Zoilamérica en 1994, en Ciudad del Cabo, donde asistíamos a una conferencia un mes antes de las elecciones que ganaría Nelson Mandela. Era una trigueña alta, delgada, guapa y simpática, pero con cierto gesto que delataba una especie de quebranto nervioso. Cuatro años más tarde, cuando ella se atrevió a denunciar públicamente la sistemática violación a la que la había sometido el «modesto y humilde» Ortega, comprendí la génesis de ese gesto.

Rosario Murillo desechó la denuncia de su hija y defendió a su marido; desde entonces su control sobre el sandinismo fue incontenible. El Movimiento Autónomo de Mujeres de Nicaragua explicó que la influencia de Murillo se originaba en haber «canjeado la integridad de su hija por el dominio» que logró sobre Ortega, su partido y el gobierno, gracias a lo que se convirtió en jefa de gabinete, vocera presidencial y verdadero poder tras el trono. No poca cosa.

Es evidente entonces que en este reciente round entre Cardenal y Murillo no se enfrentaban el viejo poeta consagrado contra la joven versificadora intrigante y ambiciosa de la década de los ochenta, sino que ella se había convertido ya en una especie de Lady Macbeth tropical, una experimentada manejadora de los entresijos del poder, para quien el clérigo era apenas un pequeño enemigo, vociferante en los medios intelectuales internacionales, pero inerme y virtualmente inexistente en las grandes batallas por el control total del país, en las que ella atacaba con soltura e impunidad como reina en un tablero. Todo estaba servido para que la primera dama arrinconara de nuevo al poeta.

# INTELECTUALES

«La cualidad más esencial para un buen escritor es la de poseer un detector de mierda, innato y a prueba de golpes. Ese es el radar del escritor y todos los grandes escritores lo han poseído», dijo Ernest Hemingway en la exhaustiva entrevista sobre el oficio de escribir que le hizo la revista *Paris Review*, sin imaginar que años más tarde, el periodista e historiador británico Paul Johnson utilizaría su detector para hurgar en la inmundicia del propio Hemingway.

El libro podría considerarse una provocación, aunque solo lo fuera por la maledicencia con que fue escrito. Su propósito fundamental era encontrar la escoria privada en una docena de intelectuales –de Rousseau a Orwell– para preguntarse cómo es posible que semejantes tipos, con tal récord de iniquidades, hayan tenido la desfachatez de recomendarle a la humanidad la forma de resolver sus problemas.

*Intelectuales* (1988) quizá no sea el libro más afortunado de Paul Johnson, pero sirve para reconocer sus fobias. Me lo imagino frente a aquel cúmulo de biografías, frotándose las manos con regocijo, en busca de ese detalle que corroborara sus hipótesis sobre los marranos que ya intuía. El denominador común: los intelectuales son sucios, vanidosos, oportunistas, explotadores de sus mujeres; quienes más se preocupan por esa abstracción llamada «humanidad» menos sensibilidad tienen hacia sus concretos congéneres.

Rousseau era tan canalla que cada vez que su amante paría, él se apresuraba a llevar al recién nacido al hospital de niños abandonados (de las cinco criaturas «se deshizo exactamente de la misma manera. Ninguno tuvo nombre. Es improbable que alguno de ellos sobreviviera por mucho tiempo»); ante Shelley cualquier «macho» hubiera sido un mero aprendiz, no en balde murió ahogado cuando naufragó su barco *Don Juan*; de Marx basta decir que era un tipo que padecía de furúnculos en las partes más inusitadas (nariz y pene, por ejemplo), los cuales amargaron su carácter; Ibsen tenía tal fijación por lucir sus medallas y condecoraciones que un general soviético hubiera sido ejemplo de modestia; la soberbia mesiánica de Tolstoi era tal que ese capítulo se titula «El hermano mayor de Dios»; Bertolt Brecht, un comunista con «corazón de hielo» y demasiado preocupado por su cuenta de dólares en Suiza, «es el único intelectual entre los que he estudiado que parece no tener ni un solo rasgo que lo redima», asegura Johnson.

Russell, Sartre y Lillian Hellman también pululan en esta galería de infames. Los únicos que salen indemnes, aquellos que logran atravesar el cedazo moral del historiador, son Edmund Wilson y George Orwell: el primero porque abandonó su actitud de intelectual milenarista y retornó a su oficio de hombre de letras; el segundo porque mostró mayor preocupación por el ser humano concreto que por las abstracciones políticas. Y es que para Johnson la categoría de «intelectual» es bastante precisa: no se refiere a creadores literarios, académicos o investigadores en general, sino que incluye específicamente a aquellos que hace doscientos años «comenzaron a reemplazar al antiguo clero como mentores y guías de la humanidad», es decir, aquellos empecinados en imponer su utopía para remediar los males del mundo.

Pero algo huele mal en el libro de Johnson, algo que va más allá de los escritores biografiados. Se intuye una trampa, aunque solo sea por la pose moralista. Quizá provenga del hecho de que «hay que ser un intelectual, por cierto, para poder tronar de un modo convincente contra los intelectuales». Porque «tampoco hay ninguna otra ocupación que tenga esa propensión casi innata a poner sin cesar en tela de juicio su propia legitimidad, su derecho a la vida», tal como sostiene el filósofo polaco Leszek Kolakowski.

La diferencia es que Kolakowski se asume como intelectual sin complejos de culpa, en tanto que la actitud de Johnson es vergonzante, aunque su detector de podredumbre sea tan eficiente y simpático. Johnson parece considerar la corrección en la vida privada como algo mucho más importante que el talento y la obra. ¿El último de los victorianos?

## BREVEDAD Y LARGUEZA

A propósito de Borges, en un ensayo de 1984 incluido en el libro *Por qué leer los clásicos* (1991), Italo Calvino confesaba: «He tenido a menudo la tentación de formular una poética del escribir breve, elogiando su primacía sobre el escribir largo, contraponiendo los dos órdenes mentales que la inclinación hacia el uno o hacia el otro presupone, por temperamento, por idea de la forma, por sustancia de los contenidos». Calvino no alcanzó a escribir ese elogio de la brevedad: murió un año más tarde. Tampoco hubiera sido el primero: aunque parece haber merecido mayor aplauso que la largueza, ambas han tenido partidarios en todas las épocas.

En su *Epístola a los Pisones* —un elogio, más que del escribir breve, de la mesura y el equilibrio—, Horacio recomienda: «Sé breve en tus preceptos cuando los dieres para que el entendimiento los perciba pronto y retenga fielmente tus palabras. Todo lo superfluo se va, y rebosa de la memoria *como el agua de un vaso lleno*». La brevedad no es posible sin la repetida corrección, la reescritura y el tachar implacable: «Vosotros, ilustres descendientes de Pompilio, condenad todo poema que no ha sido depurado por muchos días de corrección, que no ha sido pulido y repulido veinte veces». Y rememora a Quintiliano, quien, «cuando le recitaban algún verso, decía: "Vamos, por Júpiter, corrige esto, y estotro, retoca esta parte". Y si le respondían: "No puedo; no me sale mejor por mucho que hago; lo intenté varias veces". Entonces contestaba: "Pues bórralo; vuelve al yunque esos versos que no están bien forjados"».

Pero ni la brevedad ni la corrección son suficientes: hace falta el ojo crítico y el añejamiento, la opinión de rigurosos lectores y el distanciamiento que solo el paso del tiempo permite. «Si alguna vez llegares a componer alguna obra, sométela al severo juicio de Mecio, al de tu padre y al mío, y luego tenla guardada nueve años. Mientras tuvieres tus pergaminos en tu escritorio podrás corregirlos a tus anchas, quitar y poner. La palabra, una vez suelta, no se la recoge.» Esta sería, pues, la fórmula de la brevedad para Horacio: un mínimo de veinte correcciones, nueve años de añejamiento y la aprobación de tres lectores críticos.

Plinio el Joven piensa distinto. Su elogio de la largueza está desarrollado en la carta a su amigo Cornelio Tácito: «Sucede con un buen libro lo mismo que con todas las cosas buenas en sí mismas: cuanto más largo es, mejor». Las razones son varias. Primero: «No es propio del discurso sobrio y conciso, sino del majestuoso y sublime, lanzar relámpagos, tronar, conmover, derribar y destruir». Segundo: «Si la fecundidad no demuestra precisión, en cambio acredita mayor amplitud de espíritu». Tercero: «Callar lo que puede ser peligroso omitir, trazar ligeramente lo que debe detallarse, decir a medias solamente lo que no puede rebatirse bien, es verdadera prevaricación. Ocurre con frecuencia que la abundancia de palabras da fuerza nueva, y como peso nuevo a las ideas que expresan».

Plinio sabe que la largueza puede degenerar en desmesura, pero no le importa, por eso le pregunta a Tácito: «Confieso que existe prudente medida, pero ¿crees tú que el que no la llena es más estimable que el que la traspasa?». Plinio no lo cree así: prefiere el exceso a la escasez. Aunque en la carta a Luperco modere sus opiniones: «Solamente pretendo demostrar que algunas veces es preciso abandonarse a la elocuencia, y no encerrar en círculo demasiado pequeño los movimientos impetuosos de un genio elevado».

Para quien la largueza es valor, la corrección tiene otro sentido, menos obsesivo, a veces contrario a la perfección literaria. Plinio el Joven lo expresa en la carta a Apio: «Mucho apruebo tu cuidado por la corrección de tus escritos, pero la corrección tiene sus límites: pulir demasiado, antes es debilitar que perfeccionar una obra». Y en la carta a Suetonio Tranquilo insiste: «Tu obra ha llegado al punto de perfección en que la lima no puede ya embellecerla, sino debilitarla». El exceso de corrección se convierte en traba, pues «además nos aparta de las [otras obras] que emprenderíamos». La fórmula de la largueza consistiría entonces en escribir con fuerza, amplitud y vigor, corregir estrictamente lo indispensable −sin obsesión−, y dar la obra pronto al lector.

Cultores de poéticas antípodas, separados por casi un siglo, Horacio y Plinio el Joven son apenas un episodio romano de la contraposición entre brevedad y largueza. Lo paradójico es que el elogio del escribir largo proceda de cartas que, tan breves, hubieran servido de verbigracia en el elogio de Calvino.

# COINCIDENCIAS

Casi al final de su retrato de madame de Sévigné, el crítico Sainte-Beuve se refiere a los estilos literarios en el siglo de Luis XIV, los cuales –dice– «pueden considerarse ligados a dos procedimientos diferentes, o sea a dos maneras opuestas» de escribir. El primero es «el estilo sabio, cuidado, pulido y trabajado, en cuyo alumbramiento se llega, del pensamiento a la expresión, lentamente, por grados»; un estilo que exige «que se rehaga veinte veces la obra, que se pula y que se vuelva a pulir sin cesar». El segundo procedimiento consiste en una manera de escribir «completamente libre, caprichosa y ágil, sin método tradicional»; un estilo «largo, natural, abundante, que sigue ampliamente las ideas; un estilo de primera impresión, de primer impulso, para hablar como el mismo Montaigne». Sainte-Beuve menciona entre los cultores del primer procedimiento a Racine, La Bruyère y La Rochefoucauld; en el segundo ubica a La Fontaine, Molière, Saint-Simon y madame de Sévigné.

La división estilística propuesta por Sainte-Beuve para los escritores del siglo XVII podría aplicarse a la literatura de todos los tiempos. En lengua castellana, el primer estilo viene desde los aforismos de Baltasar Gracián, pasando por los prólogos de Borges, hasta las fábulas de Augusto Monterroso; el segundo procedimiento arranca de la picaresca y Cervantes hasta llegar a los más verborreicos novelistas del Boom.

Al inicio de su retrato de Racine —escrito, como el de madame Sévigné, en 1829—, Sainte-Beuve asegura que «los grandes poetas, los poetas geniales, independientemente de los géneros (…), pueden considerarse dos familias gloriosas, que desde hace muchos siglos se destronan alternativamente». La primera familia la forman «los poetas primitivos, fundadores y originales sin mezcla, nacidos de sí mismos e hijos de sus obras», como Homero, Dante, Shakespeare y Molière; la segunda, «los genios estudiosos y letrados, esencialmente educables y perfectibles», como Horacio, Virgilio y Racine. A esto Sainte-Beuve añade un juicio tajante: esta segunda familia es «secundaria, reputada no sin razón como inferior a su hermana mayor».

La idea del crítico parece retomarla Flaubert, escritor sobre quien Sainte-Beuve emitió opiniones desafortunadas. En una carta a Louise Colet, fechada en 1852, Flaubert se refiere a Shakespeare y Cervantes como «grandes genios que no necesitan cuidar el estilo, son fuertes a pesar de todas las faltas y a causa de ellas. Pero nosotros, los pequeños, no valemos más que por lo acabado de la ejecución». Y más adelante insiste: «Los muy grandes hombres escriben a menudo muy mal y tanto mejor para ellos. No es allí donde hay que buscar el arte de la forma, es preciso buscarlo en los de segundo plano [Horacio, La Bruyère]». Para Sainte-Beuve y Flaubert, la división de estilos se convierte en juicio de valor: los «grandes genios» son los cultivadores del estilo avalancha.

Curiosamente, ambos practicaron el procedimiento que exige pulir y pulir. En otra carta a Louise Colet, fechada en 1854, Flaubert revela que, dedicado totalmente a escribir, acabó «trece páginas en siete semanas». Y aun advierte: «No tengo más que eliminar dos o tres repeticiones de palabras, y romper dos efectos demasiado parecidos». Y en una carta a Louis Bouilhet, acerca de *Madame Bovary*, dice: «Este libro demuestra mucha más paciencia que genio; mucho más trabajo que talento».

Tal vez la relación entre genio y estilo sea menos automática. El procedimiento nada garantiza: una mediocre «gloria de provincia» puede llenar miles de páginas compulsivamente sin dejar de ser una mediocre «gloria de provincia», mientras que un autor que labra lenta y silenciosamente cada frase puede ser un genio –Flaubert es prueba de ello–. Son dos caminos para sumergirse en la condición humana y buscar la perfección expresiva: uno a través del impulso y la fuerza; el otro a través de la concentración y «del amor a la sobriedad y a la proporción del pensamiento en el lenguaje», como describe Sainte-Beuve el estilo de La Bruyère.

# NIETZSCHE, AFORISMO Y ESTILO ROMANO

Pocos filósofos alemanes han tenido pasión por el estilo. El siglo XIX tuvo dos: Schopenhauer fue el primero; Nietzsche el otro. Comparten el gusto por lo romano en la escritura y por el ejercicio del aforismo y la máxima; comparten también aislamiento y ausencia de lectores en sus respectivas épocas, un acendrado desprecio por su contemporaneidad y una conciencia precisa —que en el caso de Nietzsche roza el delirio— sobre la trascendencia y universalidad de sus obras.

«Mi sentido del estilo, del epigrama como estilo, se despertó casi instantáneamente al encuentro con Salustio», recuerda Nietzsche en *El ocaso de los ídolos* (1889). El estilo del historiador romano lo impresionó por ser «concentrado, fuerte, con tanta sustancia como fuera posible en el fondo, una fría hostilidad hacia *la bella palabra* y también el *bello sentimiento*». El segundo autor que deslumbró al joven Nietzsche fue Horacio: «En ciertos lenguajes no puede ni siquiera pretenderse», lo que el poeta latino logró con sus odas y sátiras, asegura. El estilo clásico —la poética de la *Epístola a los Pisones* con su precisión, claridad y economía de recursos— está, pues, en la base de la escritura de Nietzsche.

Pero *clásico* significa aquí *romano*. «En mi estilo se puede reconocer, aun en el *Zaratustra*, una ambición muy seria de estilo romano», dice el filósofo. Y no acepta tener ninguna deuda estilística con los griegos. «¿Quién ha aprendido a escribir a través de un griego? ¿Y quién ha aprendido sin los romanos?», se pregunta. La deuda con los griegos es de otra naturaleza, como el «primer acontecimiento cultural en la historia»: ahí están las decenas de folios que escribió sobre la tragedia o su amor por Tucídides, quien fue su «cura de todo platonismo».

El estilo romano es la garantía para lograr esa «pequeña inmortalidad» que el filósofo se propuso, un estilo en el cual «el tiempo en vano pruebe sus dientes», porque al final de cuentas «¿quién puede afirmar que yo desee ser leído hoy?», se preguntaba un año antes de que la demencia lo doblegara.

Ese estilo «afirmativo», basado en la sentencia, explica los amores y odios literarios de un carácter extremista. Nietzsche les llama «mis imposibles»: Séneca, Rousseau, Dante (o «la hiena que poetiza entre tumbas»), Kant, Victor Hugo, George Sand, Carlyle, Zola (o «la alegría de heder») y Sainte-Beuve (esa «mujerzuela con una cólera mezquina contra todo espíritu varonil»). Estos padecen de moralismo, verborrea, sentimentalismo o fe religiosa: lo aborrecible para Nietzsche.

Entre quienes le precedieron, Nietzsche solo reconoce a Lutero y Goethe como maestros en el manejo del alemán. Sus empatías proceden, además de los escritores latinos, seguramente de los aforistas franceses del siglo XVII, como La Rochefoucauld o La Bruyère. El filósofo califica al aforismo como «una forma de la eternidad» y se considera a sí mismo como «el primero entre los maestros alemanes» de su escritura. Gracias a él consigue su propósito: «Decir en diez frases lo que otro dice en un libro, o lo que cualquier otro no llega a decir en ningún libro».

En sus *Cuadernos* (1997), editados póstumamente, Cioran dice que Nietzsche «es sin lugar a dudas el mayor estilista alemán». A cien años de su muerte, no encuentro mejor homenaje a ese filósofo que pensó y escribió con el ánimo de «apretar la mano sobre los siglos como sobre cera».

## AL FILO DE LOS CUARENTA

Un libro que algunos quisiéramos haber escrito o que desearíamos estar escribiendo. Pero Cyril Connolly ya lo hizo. Y con el desasosiego, la liberad y la pasión rebosantes como para que el lector comprenda que ese párrafo de apertura, más que una feliz ocurrencia, es una declaración de propósitos: «Cuantos más libros leemos, mejor advertimos que la función genuina de un escritor es producir una obra maestra y que ninguna otra finalidad tiene la menor importancia». Connolly la produjo.

*La tumba sin sosiego* (1944) es un libro inclasificable: cuaderno de apuntes, bitácora de lectura, diario íntimo, ensayo personal, es un poco de esto y algo más. El hilo conductor son las reflexiones y el diálogo con Palinuro, piloto de Eneas, sobre el sentido de la vida y el oficio del escritor y, en especial, sobre el paso del tiempo y la llegada de la Edad Sexta —la de Júpiter, como la llama sir Walter Raleigh— en la que «comenzamos a tomar en cuenta nuestro tiempo, a juzgarnos a nosotros mismos y a crecer hasta la perfección de nuestro entendimiento». Un subtítulo para el libro podría ser *Al filo de los cuarenta*.

Desde las primeras páginas, Connolly impone su carácter: «Cumplidos los treinta y cinco, no vale la pena conocer a nadie que no tenga algo que enseñarnos: algo más de lo que podríamos aprender por nosotros mismos en un libro». Y de ahí en adelante, la inminencia de los cuarenta se convierte en el eje de las reflexiones: «Los cuarenta: sombrío aniversario para el hedonista; hasta en los buscadores de la verdad, como Buda, Mahoma, San Ignacio, el punto decisivo de sus vidas».

Su aprensión es tal que recuerda, no sin cierto temblor, que dos de sus escritores preferidos –Pascal y Leopardi– murieron a los treinta y nueve. Por eso se apresura a hacer un balance de su vida: «Al borde de los cuarenta una sensación de fracaso total: no un escritor sino un actor aficionado cuyo *juego* está apelmazado de egotismo». Y su expectativa es descarnada: «Al filo de los cuarenta, me dispongo a traquetear por una nueva década mi carroña de vanidad, hastío, culpa y remordimiento». Una edad, pues, de desencanto: «Cuando ha dejado de gustarnos el hedor del animal humano, en nosotros mismos y en los demás, en ese momento nos vemos condenados al sufrimiento y comienza el pensar claro».

La sombra de Proust está presente: «Bordeando los cuarenta, un sueño singular en el que aprendí el significado y comprendí la naturaleza de lo que se pierde en el tiempo perdido». Y he aquí el sueño: «Me vi como si estuviera a punto de morir y comprendí que no era yo mismo, sino un ser habitado de arriba abajo por parásitos (…). La ginebra, el whisky, la pereza, el miedo, la culpa, el tabaco eran ya mis inquilinos (…). Mi espíritu era un disco de gramófono gastado, mi verdadero ser una tal ruina que casi parecía inexistente». Y cuando por fin llega el cumpleaños tan temido, una resolución: de hoy en adelante «no más concesiones al noventa y nueve por ciento de ti que es como todo el mundo, a expensas del uno por ciento que es sólo tuyo».

Pero *La tumba sin sosiego* es también el itinerario personal de un crítico, un tejido de maravillosas citas, un espulgar autores –«cumbres altas de segunda fila»– como Pascal, La Bruyère, Chamfort, Sainte-Beuve. A Connolly le encantan los escritores de máximas y le apasiona la literatura francesa. Su estilo es exquisito; su mirada a veces cruel de tan profunda. Una cita de Chamfort –que se le escapó a Connolly– me hubiera gustado para cerrar el libro: «Tengo cuarenta años. Estoy cansado de esos pequeños triunfos de vanidad que halagan tanto a las gentes de letras. Puesto que, según confesáis, no tengo casi nada que pretender, concededme que me retire».

# DOS NECROLÓGICAS

## 1. EL POETA Y LA MUERTE

Cuenta James Boswell, en su célebre *Vida de Samuel Johnson* (1791), que este en una ocasión le dijo: «No importa cómo muere un hombre, sino cómo vive. El acto de morir no tiene importancia, ¡lleva tan poco tiempo!». Pero la muerte de ciertos poetas pasa a formar parte de su mitología personal, a tal grado que en algunos casos revela precisamente la contradicción esencial de su vida. Vladimir Maiakovski es un ejemplo de ello: se dice, con mordacidad, que sus últimas palabras antes de suicidarse fueron: «No dispare, camarada Stalin». De otros poetas sí pueden documentarse esas últimas palabras, como de Cesare Pavese, quien antes de atiborrarse de barbitúricos en su habitación de hotel garabateó en su diario personal: «Todo esto da asco. Basta de palabras. Un gesto. No escribiré más».

Y es que en algunos poetas la muerte constituye la culminación de la intensa pulsión autodestructiva que ha regido sus vidas. Guillermo Cabrera Infante sostiene que la decisión de José Martí de embarcarse en la aventura militar independentista que le costó la vida fue una forma de suicidio; aserto polémico, casi pegado con alfileres. Distinto el caso de Juan Ramón Molina, el más importante poeta modernista de Honduras, quien falleció a causa de una sobredosis de morfina y alcohol, en una cantina de baja estofa llamada «Estados Unidos», cerca de la estación de trenes de lo que ahora es Ciudad Delgado, en las afueras de San Salvador, luego de que Ramón Mayorga Rivas lo despidiera del *Diario del Salvador*.

Pero quizá lo que imprime importancia en el modo de morir de algunos poetas sea el componente de misterio que permea sus vidas. El caso de Arthur Rimbaud aún desvela a varios estudiosos: carcomido por la sífilis, luego de su aventura en Abisinia —donde traficaba armas y esclavos—, regresó a Francia a morir en brazos de su madre, sin reconciliarse con la literatura.

Aquellos que hacen de la burla un oficio en el ojo de torbellinos históricos corren el peligro de morir de forma tortuosa. Encerrado en su despacho de director de la Biblioteca Nacional en París, acosado por sus compañeros revolucionarios, Chamfort se disparó con tan mala suerte (o puntería) que solo logró sacarse un ojo y destrozarse el rostro; apurado por la inminente irrupción de los guardias, prácticamente se destazó con un cuchillo antes de que consiguieran derribar la puerta y detenerlo aún con vida. Roque Dalton fue capturado y asesinado por sus propios camaradas sin que hasta la fecha se tenga una versión fehaciente de los hechos ni señales de su tumba.

Los dos más grandes poetas de América Latina en el siglo xx murieron tal como vivieron: Vallejo en la inanición a causa de su pobreza; Neruda en la abundancia, aunque deprimido por el golpe castrense contra Allende. Y están los asesinados fríamente por sus enemigos: el destello de terror en los ojos de Federico García Lorca cuando comprendió que esos canallas estaban a punto de fusilarlo; el escalofrío que recorrió los despojos torturados de Otto René Castillo cuando supo que los militares guatemaltecos lo quemarían vivo.

Otros grandes poetas, pese a la agitación de sus vidas, mueren sin tanto alboroto; esa lista tal vez sea más amplia. En su lecho, agotados o expectantes, expiraron Milton y Borges, Voltaire y Darío, Goethe y Pessoa. Y en este 1997, el cáncer acabó con Allen Ginsberg —«ese no es un poeta maricón, ese es un tragaespadas de feria», escribió Dalton– y también con Roberto Armijo, poeta salvadoreño radicado en París. Un verso de Darío para despedir al amigo que se fue: «Que púberes canéforas te ofrenden el acanto, / que sobre tu sepulcro no se derrame el llanto, / sino rocío, vino, miel».


## 2. ROBRE ROBERTO RASTILLO,
### UN RECUERDO PRECIPITADO

Como presagio fatídico del año que comienza, Roberto Castillo murió en la mañana del 2 de enero. Tenía cincuenta y siete años. En septiembre pasado le descubrieron un tumor en el cerebro, se sometió a una cirugía, pero enseguida le ganó la muerte. Era el narrador hondureño de mayor reciedumbre.

Nació en San Salvador, en el Hospital de Maternidad. La explicación que daba a este hecho era sencilla: en 1950, desde la población de Erandique, en el occidente de Honduras, donde vivían sus padres, era más fácil llegar a la capital salvadoreña que a la hondureña. Estudió Filosofía en la Universidad de Costa Rica. Y a eso se dedicó durante muchos años: a enseñar rudimentos filosóficos a los alumnos de nuevo ingreso en la Universidad Nacional Autónoma de Honduras (UNAH).

Lo conocí en marzo de 1980: yo llegaba desde San Salvador –de huida– y busqué la ayuda del poeta Roberto Sosa, entonces director de la Editorial Universitaria, quien me contactó con el cuentista Eduardo Bähr, y este con el crítico Tony Bermúdez. Tony me dio trabajo en la UNAH y me presentó a Roberto Castillo.

' En aquellos días, cuando comíamos casi a diario en un cafetín universitario, Roberto ya tenía la barba que siempre usaría, los lentes de aro de carey y la incipiente barriga; también el tacto y las buenas maneras. Era siete años mayor que yo, y había leído muchísimo más: se movía a través de las diversas literaturas con pasión, gozo, contundencia; yo lo escuchaba con sed de aprendiz. Y caminábamos, entusiastas, un día sí y el otro también, hacia los talleres de la Editorial Universitaria, donde imprimían su primer libro, *Subida al cielo y otros cuentos* (1980), la salida del cual pronto celebraríamos. En las noches, a veces, me llevaba de gira por lupanares y cantinas de mala muerte en la vieja Comayagüela; su consigna era beber una sola cerveza en cada sitio y al camino.

Ese primer semestre de 1980 fue de mucha agitación en Centroamérica, incluso en Tegucigalpa. Roberto, Tony y el poeta Rigoberto Paredes fundaron la revista *Alcaraván* y luego la Editorial Guaymuras, donde sería publicada, un año más tarde, la primera novela de Roberto, *El corneta*, texto que marcaría un hito en Honduras. Yo ya no estuve para celebrarlo: solo permanecí tres meses en esa ciudad, pues el dios de la guerra me puso de nuevo en la ruta.

En 1984, Roberto obtuvo el Premio de Cuento de la revista *Plural* en México. Como muy pocas veces sucede en esas latitudes, lo ganó a las limpias, sin padrinos ni «grillas», solo gracias a la calidad de su obra. Lo recuerdo en una habitación de hotel en las cercanías de la Alameda en la Ciudad de México, rebosante de contento, impresionado por la magnitud de la metrópoli. En esa ocasión venía acompañado por Leslie, quien sería su mujer el resto de su vida. Generoso como siempre, me traía ejemplares de mi primer libro de relatos, publicado por Guaymuras, gracias a su apoyo y al de los otros amigos. Luego incluyó el cuento que ganó ese premio, «La laguna» (si mi memoria no me falla), en el volumen *Figuras de agradable demencia* (1985).

En los últimos años de la década de los ochenta, lo vi con alguna frecuencia. Vivía con Leslie en El Hatillo, en la cumbre de la montaña, en una especie de cabaña grande escondida entre los pinares, a un par de kilómetros de la casa donde yo pernoctaba cuando visitaba Honduras. En las tardes, bebíamos un par de copas en la terraza de la cabaña y luego salíamos a caminar por el bosque, bajo la niebla y el zumbido del viento. Era un placer escucharlo: tenía la sabiduría del hombre ajeno a la jactancia y las vanidades fáciles, la sabiduría de aquellos pocos para quienes el conocimiento es placer, asombro, misterio; y un humor agudo, pícaro, pero sin resentimientos, el humor de quien se ha resignado ante la tontería del género humano. En esos años trabajaba con pasión en su novela mayor, *La guerra mortal de los sentidos*, que sería publicada, luego de varias peripecias, en 2002.

A principios de la década de los noventa hubo un cambio de *look* en Roberto: empezó a vestir formalmente, con traje y corbata, sin importar el día ni la circunstancia, como los escritores de la generación anterior, formados en el oficio del funcionariado. Yo me burlaba, le decía que parecía diputado hondureño; él sonreía y enseguida aprovechaba para hacer escarnio de la cultura de provincia que tan bien conocía. Su vestimenta formal no varió su carácter jocundo, perspicaz, su risa contagiosa, su comentario punzante, demoledor, dicho al vuelo, como si apenas importara.

Releo el último correo electrónico que me envió: «Lamento ser el que te da tan triste noticia: ayer murió nuestro querido amigo Enrique Ponce Garay». Enrique había sido librero, crítico de cine, censor cinematográfico, pero sobre todo un gran lector. Roberto no sabía que pronto vendría su turno.

Escribe el poeta Adam Zagajewski en recuerdo de Zbigniew Herbert: «En las primeras semanas y los primeros meses después de haber perdido a un gran amigo la memoria repite: aún es demasiado pronto, todavía no veo nada, esperemos». Este es pues el recuerdo precipitado de quien aún no ve, apenas unas líneas balbuceantes del retrato que Roberto merece.

# MALRAUX: UNA VIDA EXAGERADA

El paradigma del escritor como hombre de acción, como activista político, como dirigente revolucionario, como cruzado por una causa más allá de la literatura, marcó buena parte de la vida literaria del siglo XX. André Malraux destaca como un ejemplo por excelencia del autor que juega un papel de primer orden en las luchas políticas de su tiempo, a tal grado que su vida adquirió ciertas características de mito.

Comisario del Komintern en Shanghái, fundador del primer escuadrón aéreo de la República Española, coronel de la resistencia francesa en la guerra contra los nazis, ministro de cultura y confidente del general Charles de Gaulle, viejo amigo de Mao Zedong e íntimo de Jacqueline y John F. Kennedy: la vida como aventura y, en especial, como aventura de poder.

Pero detrás del «mito» a veces permanece la realidad terca e insobornable, tal como se desprende de la excelente biografía de Olivier Todd titulada *Malraux: una vida* (2001), publicada en Francia en el marco de las celebraciones del primer centenario del natalicio del escritor. Un libro escrito con pasión pero sin prejuicios, con admiración pero también con la suspicacia en ristre, basado en una investigación y documentación exhaustivas (el biógrafo incluso tuvo acceso a parte del expediente de Malraux en la CIA), y escrito con una prosa fluida, grácil, a veces hasta coqueta.

Todd ofrece un inquietante retrato de Malraux: un autodidacta hiperactivo y brillante, víctima de una enfermedad extraña (el síndrome de Tourette), poseedor de un tremendo magnetismo y encanto personal, orador como pocos, fantasioso, *bon vivant*, experto en la autopromoción y consentidor —sino artífice— de las exageraciones y falsedades que contribuyeron a construir su leyenda.

Para el caso, Malraux nunca fue comisario del Komintern en Shanghái, sino que su larga estadía en la Indochina francesa respondió a su frustrado plan de traficar antigüedades camboyanas, en posesión de las cuales fue capturado por las autoridades y retenido en Saigón. De esa experiencia, y de ninguna participación en la revolución china, procederían sus novelas *Los conquistadores* (1928) y *La condición humana* (1933).

Malraux efectivamente fue el artífice del primer escuadrón aéreo de la República Española en los inicios de la guerra civil, gracias a su audacia y a sus excelentes contactos en París que le posibilitaron conseguir la flotilla de naves, pero él mismo nunca aprendió a pilotear un avión y a media guerra civil regresó a París a escribir la que algunos consideran su mejor novela, *La esperanza* (1937). De igual manera, pasó la mayor parte de la Segunda Guerra Mundial escribiendo en el sur de Francia y su decisión de incorporarse a la resistencia se registró apenas diez días antes de que las tropas aliadas desembarcaran en Normandía.

Todd es implacable en la disección del mito: la amistad de Malraux con Mao, por ejemplo, fue una delirante fantasía, ya que el presidente chino recibió al escritor una sola vez en su vida. «La entrevista duró, en total, cerca de una hora. Si descontamos las traducciones, cada gran interlocutor, Mao o Malraux, habló en torno a un cuarto de hora», explica Todd, quien en este caso —como en muchos otros— recurrió con precisión a los expedientes de la inteligencia militar y de la cancillería francesas. No obstante, la fuerza de la leyenda era tal que hasta Richard Nixon, cuando preparaba su primer viaje a Pekín, mandó traer a Malraux («el viejo amigo de Mao») a Washington para consultarle cómo tratar al jerarca chino.

Pero la biografía de Todd no es únicamente un ejercicio de desenmascaramiento, sino que aborda las distintas facetas de un personaje rico y complejo, de un acucioso historiador y coleccionista de arte, de un exigente lector y editor de Gallimard, de un escritor generoso ante el talento ajeno que logró dos novelas mayores (*La condición humana* y *La esperanza*) en la historia de la literatura francesa.

Todd retrata además con detalle la vida sentimental de Malraux: su primer matrimonio con la judía de origen alemán Clara Goldschmidt, quien luego de la separación se convirtió en un mordiente acicate para el escritor; su segundo casamiento, con su excuñada Marie-Madeleine (viuda de su hermanastro asesinado por los nazis y muerta en la guerra); el trágico fallecimiento de sus dos hijos en un accidente automovilístico; su difícil relación con su hija Florence; y sus últimos años, mermado por el alcohol, junto a la escritora Louise de Vilmorin.

Pero Todd recrea, en especial, la relación de amistad y lealtad entre Malraux y el general De Gaulle, desde la liberación de Francia hasta la muerte del segundo. Preguntado sobre esta relación, el entonces presidente Jacques Chirac respondió a Todd: «En todas las civilizaciones, los cabecillas tienen bufones. Eso los relaja...».

Obra monumental en la que Todd desarrolla la maestría anteriormente mostrada en su biografía de Albert Camus, *Malraux: una vida* nos revela a un escritor que, más allá de su mitomanía y su oportunismo, vivió su tiempo a plenitud, con fuerza, osadía, excesos.

# KERTÉSZ O EL HOMBRE MARCADO

En un imperdonable descuido, el lector alérgico a las tretas del mercado podría pasar por alto la obra de Imre Kertész. Haber ganado la fama súbitamente gracias al Premio Nobel, ser un judío-húngaro sobreviviente de Auschwitz y el hecho de que su obra verse sobre tal experiencia, son tres credenciales sospechosas en esta época. Pero cuidado: aunque Kertész pueda ser comercializado como mortaja del victimismo judío, se trata de un autor sorprendente por su radicalismo, su prosa ajena a las concesiones y su esencialidad; por una suspicacia que lo hace cuestionar hasta su misma condición de judío-húngaro.

*Sin destino* (1975) es la novela por excelencia de Kertész, en la que demuestra que el tema más trágico y avasallador (la vida de un adolescente en un campo de concentración nazi) puede ser narrado sin sentimentalismos ni demagogias. La limpidez es su técnica; gracias a ella la peor pesadilla se convierte en una cotidianidad asombrosa. *Kaddish por el hijo no nacido* (1990) es el exabrupto de un sobreviviente —en un estilo con un dejo a Thomas Bernhard— que se niega a la trampa de la paternidad, a reproducir la posibilidad de la exclusión, del crimen, del sinsentido; un texto duro, escrito con los dientes apretados y el resentimiento destilando.

*Yo, otro. Crónica del cambio* (1997) es un libro raro, íntimo, de esos breviarios inolvidables: a veces un diario de escritor, apuntalado por los más sugerentes aforismos, pero también con cierta dosis de libro de viajes, recuerda por más de un gesto a *La tumba sin sosiego* del Cyril Connolly o a *Prosas apátridas* de Julio Ramón Ribeyro. Se trata de un viaje interior, del hombre vomitando su alma frente a un espejo a lo largo del camino, para repetir la vieja frase.

Arranca la metamorfosis de Kertész en el otoño de 1991, cuando se encuentra en Viena traduciendo los aforismos de Wittgenstein, y termina en Budapest, en el verano de 1995, cuando muere su amada: «Un día me daré cuenta de que esta muerte fue al mismo tiempo el inicio de la mía», dice el escritor ignorado, casi proscrito. Y entonces el lector descubre la génesis del libro, que sería el punto de partida de toda creación: «Solo la presencia continua de nuestra muerte nos obliga a una profunda creación artística», dice Kertész. Y más adelante insiste: «Toda obra es única, su gran inspirador e inquisidor es el temor a la muerte».

Pero *Yo, otro* no es un regodeo sobre la muerte. La crisis del escritor es una crisis de identidad: «¿Por qué me siento tan perdido?», se pregunta a sus sesenta y dos años. «Porque estoy perdido, sin duda», se responde al comienzo del libro. Y sus viajes por Alemania, Suiza, Austria y Francia no se traducen en una serie de acuarelas sobre el paisaje centroeuropeo o en un gozo erudito, sino en el desgarramiento de su paisaje interior: «Os lo revelaré: sólo poseo una identidad, la identidad del escritor», dice.

Y su crisis de identidad, por supuesto, está atada al hecho de ser judío en Hungría. «El verdadero nombre de mi calidad de "extraño" es el de judío», afirma el autor que se percibe como un *outsider*. «¿Es posible que sea judío a pesar de todo?», se pregunta ya con franca morbosidad, luego de reflexionar sobre su conflictiva condición de húngaro y, al mismo tiempo, de judío, dos categorías para él excluyentes. «Soy un judío distinto. ¿De qué tipo? De ningún tipo. Hace tiempo que no busco ni mi hogar, ni mi identidad. Soy distinto de ellos, soy distinto de los otros, soy distinto de mí mismo.»

Porque hay una hendidura más profunda, que todo lo trastorna y a través de la cual el escritor se reconoce, la herida del «hombre marcado». Kertész lo expresa de esta manera: «El hecho de estar marcado es mi enfermedad, pero al mismo tiempo el acicate, el dopaje de mi vitalidad (…). El hecho de estar marcado es mi miseria y mi capital». De ahí que se refiera a «la señal funesta, imborrable» que hay en él y que los guardianes del orden distinguen con facilidad.

El hombre marcado puede reírse de sí mismo y del mundo que le rodea, puede señalar «la inutilidad de la lucidez», puede sentir vértigo en los bordes del escepticismo —«nunca sabré nada esencial sobre mi propia persona»—, porque al final de cuentas ha comprendido que su hendidura, la herida que lo separa del mundo, siempre estará ahí, empujándolo hacia la tentación de la locura, que en el caso de Kertész se trata de una «locura negativa que me impone el sello repugnante de la víctima».

Y esa marca indeleble también lo sumerge en la duda que todo corroe; hasta la misma lengua húngara en que escribe es objeto de extrañamiento. Por eso el escritor vive «como exiliado» en Budapest y en su propia lengua. De igual manera, Europa e Israel le son ajenos; su descripción de la primera es implacable: «Europa parece un anciano barbudo y tacaño que, cuando toca a las mujeres elegir compañero de baile, golpea con su bastón a la muchacha que lo invita a bailar, pues lo único que se le ocurre es que pretende hacerse con su dinero».

No hay prestidigitación ni efectos sorprendentes ni ocurrencias brillantes en este libro. El texto está escrito desde un dolor que quisiera no ser, con cierta mueca de sorna, es cierto, pero sin las cabriolas del exhibicionista. Un humilde ejercicio de autodespellejamiento, diría. El propio Kertész lo advierte: «El escritor debe cuidarse sobre todo de volverse ingenioso cuando ya no tiene nada que decir». Y cuando él escribió este libro, aún tenía cantidades que decir.

## LA FATALIDAD CONGÉNITA

A primera vista parece un libro sospechoso, de esos que inventan los editores para reciclar la obra de un escritor vendible. Y la sospecha se agudiza tratándose de Juan Carlos Onetti, ese mito insobornable, antípoda de concesiones, pasarelas y baileteos. Pero, para sorpresa del lector enviciado con la prosa y la sorna del viejo Onetti, el libro resulta algo más que un malabarismo editorial. *Confesiones de un lector* (1995) seduce, incluso desde el antiprólogo escrito por un hijo que busca ser antisolemne, porque al final de cuentas nadie quisiera llamarse Jorge Onetti y ser heredero de semejante pluma.

El legado de Jota Carlos Onetti («así prefería el sonido de su nombre», dice el prologuista) es nítido: se debe seguir escribiendo pese a la indiferencia, a los fracasos, a la incertidumbre. No hay fórmula, método ni secreto; tan solo una cosa inasible llamada talento. *Confesiones de un lector* es un ejemplo de ello. Se trata de sesenta y dos «reflexiones» y «divagaciones», elaboradas con disciplina y brevedad periodística, pero con la libertad y la irreverencia propias de la creación literaria. Y lo más interesante: son textos de madurez extrema, escritos entre 1976 y 1991, cuando la obra, el reconocimiento y la edad de Onetti ya eran más que suficientes como para que la pasión no se expresara sin un desgano en el rictus.

El libro comienza –¿cómo podía ser de otra manera?– con aquel recuerdo del joven Onetti en una calle de Buenos Aires, atrapado por el cuento de un autor desconocido llamado

William Faulkner. Se trataba de la revista *Sur* de Victoria Ocampo, y a partir de ahí arrancan esos textos cuyo eje no es otro que el oficio de la literatura, el placer de la lectura, las ganas de fanfarronear un poco en torno a las minucias de la vida contemporánea. Miento: más que la temática, el eje es el estilo, la mirada socarrona, el hastío ante los entusiasmos. «Creo que el escritor, el bueno, nace ya destinado a serlo y que ni los éxitos o los fracasos lograrán desviarlo de la fatalidad congénita», escribe Onetti para aquellos que preguntan por el camino.

Lo lindo es el sarcasmo, la jodedera permanente, la erudición que se ríe de sí misma, el virtuosismo que permite engarzar en el mismo párrafo la contemporaneidad noticiosa y los motivos de Eróstrato. Prosas lúdicas, inmarcesibles, rebosantes de imaginación, cuya única frontera es el espacio asignado por el editor (a propósito, el hijo-prologuista olvida contarnos para quién fueron escritos estos textos —ordenados cronológicamente—, pero el lector acucioso recordará los servicios especiales de la oficiosa agencia de prensa española). Para muestra del anecdotario, un botón: Onetti cuenta la historia de un tal John Anders, ingeniero electrotécnico, «el más temible revolucionario de este siglo», buscado por todos los servicios de espionaje por haber inventado un pequeño aparatico que, conectado al televisor, borra automáticamente la imagen y el sonido a la hora de los anuncios publicitarios.

«Comprender es perdonar», dice el viejo Onetti. Pero hay obsesiones que para el narrador montevideano resultan imperdonables, en especial las pifias de los traductores de Faulkner. Los ejemplos son muchos y reiterados: ¿cómo pudo Guillermo de Torre, editor de Losada en aquella época, traducir *Light in August* como *Luz de agosto*, cuando todo el sentido del libro apunta a que se titula *Dar a luz en agosto*? Y hasta el mismo Borges (a quien se le rinde un reconocimiento a lo largo del libro) pecó por omisión o mojigatería en su espléndida traducción de *Palmeras salvajes*, al finalizar el libro traduciendo: «"Mujeres", dijo el penado alto», cuando en realidad el penado alto dijo: «Women shit».

*Confesiones de un lector* constituye, en su aparente informalidad, un corpus de ideas frescas y provocadoras en torno al oficio de escribir y, más específicamente, un conjunto de textos que permite una mirada oblicua sobre un viejo, quizá intratable por su rictus cerril, pero que escribió una obra imperecedera y dio un ejemplo −con su desprecio al poder, a las ínfulas y a las modas facilitonas− como pocos escritores latinoamericanos en el siglo XX.

# LA TRAGEDIA DEL HEREJE

## 1

Cuando Cecilia García-Huidobro me invitó a participar en la Cátedra Roberto Bolaño, mi primer impulso –como el de muchos invitados, supongo– fue buscar una faceta en la obra de Bolaño aún no abordada en los múltiples ensayos y estudios sobre el escritor chileno. Muy pronto comprendí que esa ruta solo me llevaría a evidenciar mi ignorancia, a sabiendas de que yo no soy experto en la obra de Bolaño y vendría a dar la conferencia precisamente a Chile, donde no dudo que abunden los expertos. Entonces, decidí hablar sobre un escritor poco conocido en Chile, pero de inmensa importancia en mi país, no solo por la calidad de su obra sino por la clase de vida que llevó y por el tipo de muerte que tuvo. Roque Dalton ha sido, además, fundamental en mi formación como escritor, en mis maneras de entender y asumir la literatura, maneras emparentadas con lo que Ernesto Sábato llamaba una «literatura de situaciones extremas». Quiero mencionar también que en este año 2010 se ha conmemorado el septuagésimo quinto aniversario del nacimiento de Dalton y el trigésimo quinto aniversario de su asesinato, perpetrado por sus propios camaradas del Ejército Revolucionario del Pueblo (ERP). Estas efemérides, como muchos aspectos de la vida de Dalton, han estado envueltas en la controversia, ahora por los diferendos entre la familia del poeta y el gobierno de El Salvador. No entraré en detalles sobre este punto, nada más mencionaré que el gobierno, el primero de izquierda en la historia salvadoreña, se vio obligado a suspender los eventos de homenaje al poeta: su familia lo desautorizó, a causa de la presencia en el gabinete de uno de los supuestos asesinos.

No exagero si digo que Chile fue un país importante para Roque Dalton. Aterrizó en Santiago a principios de 1953. Tenía entonces diecisiete años, acababa de terminar el Bachillerato y tenía el propósito de inscribirse en la Universidad Católica para estudiar Leyes, aunque finalmente se matriculó en la Universidad de Chile. Casi nada se sabe de sus andanzas por estas tierras, de por qué decidió venir a estudiar acá, quiénes fueron sus amigos, qué poemas escribió. Solo sabemos que estuvo diez meses y que no le faltó la parranda, como se desprende del poema titulado «Yo estudiaba en Chile en 1953» que dice: «Era la época en que yo juraba / que la Coca Cola uruguaya era mejor que la Coca Cola chilena / y que la nacionalidad era una cólera llameante / como cuando una tipa de la calle Bandera / no me quiso vender otra cerveza / porque dijo que estaba ya demasiado borracho / y que la prueba era que yo hablaba harto raro / haciéndome el extranjero / cuando evidentemente era más chileno que los porotos».

Quizá en 1953 Santiago no haya sido una urbe cosmopolita, pero para un poeta procedente de una perdida ciudad centroamericana como San Salvador, sumida en el peor oscurantismo militar, la llegada a la capital chilena tendría que haber significado la apertura a otro tipo de ideas, a una nueva agitación intelectual. Pero Dalton no la vio así. Lo dice en «Los hongos»: «Fue en junio o julio de 1953, en Santiago de Chile, / y mi maestro en el pecado fue un anarquista loco, llamado / Navarrete, o algo así. Me acuso, padre. A pesar / de que podría echársele la culpa de todo / a la ciudad de Santiago de entonces: / el vino era interesante y ciertas / salas de baile en los prostíbulos de Nena Elvangio / y un establecimiento para comer mariscos en la madrugada / y una niña salvadoreña que vivía entonces allá, Neomi / Jiménez Figueroa, cuya belleza a los catorce años / sería para siempre / mi medida de la belleza. / (…) Desde luego / no me presenté a los exámenes de fin de curso, alegué / nostalgia del hogar y terminé por volver a El Salvador».

No citaré las varias referencias en la obra de Dalton de su paso por el Chile de aquellos años, ni me detendré en su especial aversión por Neruda, pese a que ambos eran poetas comunistas. Nada más mencionaré que la más popular obra de Dalton, el libro collage *Las historias prohibidas del Pulgarcito*, toma su título precisamente de las palabras con que Gabriela Mistral denominó cariñosamente a El Salvador cuando estuvo ahí de visita: dijo que era «el Pulgarcito de América». Claro que Dalton se burla del candor de esta denominación y su libro cuenta las historias de un Pulgarcito criminal, aguerrido, patán, resentido, borracho, y a veces simpático.

También quiero mencionar que Roberto Bolaño fue conocedor de la obra de Roque Dalton o, al menos, de su trágica muerte. En una larga entrevista que le concedió a la revista *Lateral*, en Barcelona, relata que a su paso por El Salvador en 1973 se reunió con los poetas que dos años después, convertidos en jefes guerrilleros, cometieron el asesinato de Dalton, y menciona específicamente el nombre de Eduardo Sancho. Las cosas no fueron así. A Bolaño la información «se le hizo bolas», como dicen los mexicanos: conoció a quienes apoyaban las posiciones de Dalton, al grado que Sancho fue quien lo defendió en el juicio sumario que le hizo la jefatura del ERP, y luego él mismo fue víctima de un atentado por parte de esta camarilla. Pero el hecho es que Dalton era un autor presente en la memoria del escritor cuyo nombre lleva esta cátedra en la que ahora hablo. Y no soy el primero en señalar los vasos comunicantes que existen entre la novela collage de Dalton, *Pobrecito poeta que era yo*, publicada un año después de su asesinato, y *Los detectives salvajes* de Bolaño; ambas abocadas a relatar las aventuras de un grupo de jóvenes poetas.

Para aquellos que no están familiarizados ni con la obra ni con la vida de Dalton presentaré una breve semblanza biográfica; luego abordaré el tema que he denominado «la tragedia del hereje». Quiero precisar que si bien el personaje Dalton aún genera polémicas en El Salvador, su *Poesía completa* ha sido publicada en tres volúmenes por la editorial del Estado (Dirección de Publicaciones e Impresos), gracias a un riguroso trabajo de ordenamiento y exégesis realizado por un equipo de expertos conformado por Luis Melgar, Rafael Lara-Martínez, Luis Alvarenga y Miguel Huezo Mixco.

## 2

Roque Dalton García nació en San Salvador el 14 de mayo de 1935. Su padre, Winnall Agustin Dalton, era un estadounidense adinerado; su madre, María García, una enfermera de origen humilde. La anécdota que se cuenta es que luego de un altercado en el que había sido herido de bala, el ricachón gringo fue atendido por la enfermera, con quien se lio en un *affaire* del cual nació el poeta. Pese a ser hijo «natural» (Winnall Dalton estaba casado con una terrateniente salvadoreña), Roque estudió en el exclusivo colegio jesuita Externado de San José, donde se codeó con los vástagos de la oligarquía. Y luego de su estadía de diez meses en Chile, ingresó a la Facultad de Derecho de la Universidad de El Salvador, donde pronto se encontraría con otros jóvenes poetas con los que formó el llamado Círculo Literario Universitario, un grupo que buscaba generar debate sobre las nuevas corrientes literarias y el papel político del escritor. Roberto Armijo, Manlio Argueta y José Roberto Cea, entre otros, eran los principales integrantes de este movimiento que pronto se vio influenciado no solo por la idea sartreana del compromiso del escritor, sino también por la consecuente exigencia de ingresar al entonces débil y clandestino Partido Comunista Salvadoreño

(PCS). Dalton destacó entre el grupo por su educación privilegiada (mientras los demás llegaban a San Salvador procedentes de perdidos pueblos de provincia, él ya regresaba de Santiago de Chile) y por su personalidad de afilado polemista. A los veinte años conoció al colega poeta guatemalteco que se convertiría en su gran referente político y que lo conduciría a la militancia en el PCS: Otto René Castillo, quien, siendo un año menor que Dalton, ya estaba exiliado en El Salvador a causa de su participación en el movimiento estudiantil guatemalteco aplastado por el golpe de Estado que organizó la CIA contra el gobierno de Jacobo Árbenz en 1954. Otto René vivía en duras condiciones, empleado como cuidador en un estacionamiento de autos en el centro de San Salvador; transmitió sus experiencias revolucionarias a Dalton y a los demás poetas, y fue crucial en su radicalización.

El primer viaje transatlántico de Dalton aconteció en el verano de 1957 y su destino fue Moscú, donde participó en el Festival de la Juventud y los Estudiantes, como integrante de la delegación centroamericana, de la que curiosamente también formaba parte el joven Carlos Fonseca Amador que, pocos años más tarde, fundaría el Frente Sandinista de Liberación Nacional (FSLN). Dalton se paseó por varias repúblicas socialistas de Europa y Asia, pero durante su regreso a Centroamérica padeció el primer hostigamiento en regla, del cual se burla en uno de sus poemas: «Yo era aún católico militante y, sin embargo, antes de regresar a El Salvador, después de la larga travesía soviético-europea, fui interrogado al salir de Lisboa, impedido de bajar a tierra en Barcelona y las islas Canarias, perseguido en Caracas (donde desembarqué por error de las autoridades pérez-jimenistas del puerto de La Guaira), detenido por el FBI en Panamá, etcétera. Comencé a saber que Lenin, y todo lo que se relacionaba con él, era algo muy serio. Muy serio».

Dalton fue el primer poeta salvadoreño que se declaró públicamente comunista y se involucró —en un principio desde el movimiento estudiantil y luego desde su labor periodística– en la lucha contra el régimen militar del coronel José María Lemus, quien lo metió por primera vez a la cárcel el 14 de diciembre de 1959, bajo la acusación de provocar desórdenes callejeros. A partir de esta experiencia, el poeta encarcelado se convertirá en un motivo permanente en la obra de Dalton –uno de sus modelos literarios era el gran poeta turco Nazim Hikmet–. Al año siguiente, en octubre, Dalton fue capturado nuevamente, pero en esta segunda ocasión el ejército lo mantuvo como desaparecido durante varios días. Quiso la suerte, empero, que dos semanas más tarde el gobierno de Lemus cayera víctima de un golpe de Estado por parte de militares reformistas. Existe una foto histórica en la que una multitud jubilosa carga en brazos a Dalton a las puertas de la penitenciaría celebrando su liberación; una foto fundamental, me parece, en la construcción del mito del poeta revolucionario.

Meses después, luego de un contragolpe de militares conservadores, Dalton partió hacia México. En esa primera ruta del exilio, comenzó estudios de antropología y publicó su primer libro de poemas, *La ventana en el rostro* (1961). Pero la Ciudad de México no tenía suficiente imán para retenerlo frente a la naciente revolución socialista encabezada por Fidel Castro en Cuba, por lo que un año más tarde lo encontramos instalado en el corazón mismo de La Habana. Para el poeta, Cuba no significó solamente el «gran descubrimiento», la posibilidad de participar en la construcción de la utopía socialista, sino que también se convirtió en su nuevo hogar, tal como lo apunta en un poema que es una paráfrasis de José Martí: «Dos patrias tengo yo: / Cuba / y la mía».

En esa primera estadía en la isla caribeña, se dedicó a una intensa actividad literaria, en especial desde el seno de la Casa de las Américas. Publicó tres libros de poemas: *El mar* (1962), *El turno del ofendido* (que obtuvo una mención en el Premio Casa de las Américas, 1962) y *Los testimonios* (1964). También publicó un largo ensayo titulado *César Vallejo* (1963), sobre la obra del poeta peruano, y dos monografías históricas, una sobre El Salvador y otra sobre México. Era la época del entusiasmo revolucionario, de la ilusión desbordante. Como miembro del PCS participó en cursos de formación política y de entrenamiento militar. Y luego de dos años febriles regresó clandestinamente a El Salvador, con la misión de conformar un núcleo militar que estuviera a disposición del PCS en caso de que se decidiera pasar a la lucha armada. Pero las cosas no le pudieron salir peor a Dalton: en septiembre de 1964, el ejército lo capturó en San Salvador (se dice que cuando departía en una cantina) y lo mantuvo secuestrado en una cárcel provincial, sin reconocer su captura, durante varios meses, a lo largo de los cuales un miembro de la CIA lo sometió a un intenso interrogatorio con el propósito de convertirlo en colaborador. El trato era el siguiente: si Dalton aceptaba colaborar, podría seguir siendo un poeta comunista e incluso contaría con el apoyo cultural de los aliados del gobierno de Estados Unidos para promocionar su carrera literaria; si se negaba a colaborar, sería asesinado por el Estado Mayor del ejército salvadoreño y habría una campaña para desprestigiar su cadáver como el de un traidor que había vendido a sus camaradas. Ante la negativa del poeta, como último recurso de convencimiento, el agente gringo –que «bebía whisky como un personaje de Hemingway» y se comportaba con «la arrogancia de un escritor mexicano»– llevó al salón de interrogatorio al mismo instructor militar cubano que había estado a cargo del entrenamiento de Dalton y que luego se había cambiado de bando. Dalton habría dicho siempre no, que sacaran a ese gusano de su presencia; su destino parecía decidido. Pero entonces, a último minuto, la naturaleza lo salvó: un terremoto derrumbó la pared de la prisión en la que se encontraba detenido. Esa permanencia y escape de la cárcel, que marcará un momento definitorio en su vida y también en el proceso que lo llevó a la muerte, está relatado con un barniz de ficción en su novela póstuma, *Pobrecito poeta que era yo.*

A su regreso a Cuba, Dalton se integró de nuevo a la redacción de la revista *Casa de las Américas*, estrechó su relación con varios intelectuales cubanos (como Roberto Fernández Retamar, Fayad Jamís y Jesús Díaz) y se abocó a la finalización de dos libros: *Poemas y textos muy personales* y *Los pequeños infiernos*, ambos fechados 1962-1965, pero publicados de forma íntegra después de su muerte. No permaneció, sin embargo, mucho tiempo en Cuba. A principios de 1966, se trasladó a Praga como representante del PCS ante la *Revista Internacional*, en momentos cruciales del debate sobre el futuro del socialismo y cuando despuntaba un movimiento libertario que pronto desembocaría en la llamada Primavera de Praga. Dalton coincidió en la capital checa con intelectuales de la envergadura de Régis Debray, Elizabeth Burgos y Alicia Eguren, mientras avanzaba en tres frentes de su propia obra: el libro de poemas *Taberna y otros lugares* –que en 1969 ganaría el Premio Casa de las Américas–; el testimonio sobre la insurrección comunista de 1932 en El Salvador, que aparecería en 1973 bajo el título de *Miguel Mármol*; y en varios capítulos de la novela *Pobrecito poeta que era yo*. Pero en medio de la algarabía praguense, Dalton recibió noticias de dos hechos que lo conmocionaron y que lo llevaron a experimentar una mayor radicalización, convenciéndolo de regresar a América Latina: su amigo del alma, el poeta Otto René Castillo, que se había incorporado a la guerrilla guatemalteca, en marzo de 1967 fue capturado por el ejército, torturado y quemado vivo; y unos meses más tarde, el 9 de octubre, el Che Guevara fue asesinado en Bolivia.

Dalton regresó a La Habana meses antes de que los tanques soviéticos irrumpieran en Praga. Se reincorporó a la revista *Casa de las Américas* y participó activamente de la vida cultural que entonces se vivía en Cuba, convertida en una especie de metrópoli para la intelectualidad de izquierda en Latinoamérica. Heberto Padilla, Enrique Lihn, Carlos María Gutiérrez y René Depestre eran algunos de los poetas con los que Dalton compartía debates y farras, mientras afinaba varios libros de poesía que serían publicados póstumamente: *Un libro levemente odioso*, «Los hongos», *El amor me cae más mal que la primavera, Un libro rojo para Lenin.* También terminó su libro *Las historias prohibidas de Pulgarcito* —quizá el más conocido— en el que aborda críticamente la historia salvadoreña desde el período de la conquista española y que sería publicado en México en 1974. Su proceso de radicalización se siguió profundizando: viajó a Vietnam, Corea del Norte y al Chile de Allende. Y desde 1970 comenzó a buscar la forma de incorporarse a las organizaciones guerrilleras que se estaban formando en El Salvador. Julio Cortázar cuenta que la última carta que recibió de Dalton estaba fechada en Hanói el 15 de agosto de 1973, cuando ya las tropas estadounidenses se habían retirado derrotadas de Vietnam.

El 24 de diciembre de 1973, Dalton ingresó clandestinamente a El Salvador para incorporarse a las filas del Ejército Revolucionario del Pueblo. Su rostro había sido modificado por una cirugía plástica realizada por el mismo médico que alteró el rostro del Che. Su misión era desempeñarse como asesor de la dirección revolucionaria, pero diecisiete meses más tarde, el 10 de mayo de 1975, fue asesinado por sus propios camaradas. Las causas que llevaron a ese crimen aún son motivo de debate. Quienes lo asesinaron todavía viven y nunca han querido dar cuenta de los hechos ni entregar su cadáver. Bajo el título *Poemas clandestinos* (1981) fue publicada la poesía que Dalton escribió durante esa última etapa de su vida.

## 3

Dalton pertenece a esa estirpe de escritores en los que vida y obra están estrechamente interrelacionadas. No solo se trata de que su poesía sea expresión de su vida, sino que la vida en sí misma es una aventura poética. Con cierta ironía, lo explica en un poema escrito meses antes de ingresar clandestino a la guerrilla salvadoreña: «Las situaciones en que escribo / ellas son la clave de mi poesía / si tú averiguas quién me lancetea en la boca / la esponja rebosante de whisky y agua natural / si ubicas mi Gólgota imprudente / mi crucifixión en todo caso solitaria / mis apóstoles de lujo / las motivaciones de todo ese lío / de coronas de espinas y Cirineos debilitados / podremos conspirar en igualdad de condiciones».

Dos arquetipos de escritor se fusionaban en Dalton: por un lado, el modelo comunista del autor comprometido con la lucha política por la justicia y la libertad; y por otro, el modelo del poeta aventurero, osado, subversivo, provocador e iconoclasta, más afín a Villon que a Maiakovski. En cualquier caso, lo importante para él era que el escritor fuera consecuente con sus palabras, que superara la contradicción entre poesía y vida, que lograra una integridad entre sus planteamientos y su acción. De ahí la idea del compromiso político que plantea en el poema «Taberna»: «La política se hace jugándose la vida / o no se habla de ella. Claro / que se puede hacerla sin jugarse / la vida, pero uno suponía que sólo en el campo enemigo».

La radicalidad de su discurso debía tener un correlato en su comportamiento vital. Nada le repugnaba tanto, me parece, que aquellos escritores que hacían loas a la revolución desde la posición privilegiada del diplomático o del funcionario, el poeta verboso que nada arriesga, cuyo canto denominaba «ditirambo salivoso del asno». Y si el poeta reivindica la revolución como el eje de su vida, pues lo consecuente es que actúe como revolucionario. Lo expresa en un poema titulado «Sobre nuestra moral poética», incluido en los *Poemas clandestinos*: «No confundir, somos poetas que escribimos / desde la clandestinidad en que vivimos. // No somos, pues, cómodos e impunes anonimistas: / de cara estamos contra el enemigo / y cabalgamos muy cerca de él, en la misma pista.

// Y al sistema y a los hombres / que atacamos desde nuestra poesía / con nuestra vida les damos la oportunidad de que se cobren, / día tras día».

En ese mismo poemario incluye «Arte poética 1974», cuyo aire de mera ocurrencia, sin el contexto de clandestinidad, podría ocultar el profundo sentido de integridad que Dalton experimentó en ese último período de su vida: «Poesía / perdóname por haberte ayudado a comprender / que no estás hecha sólo de palabras».

Me parece que Dalton encontró en Guatemala un caso paradigmático que reflejaba la diferencia entre el poeta revolucionario consecuente e integral y el poeta oportunista: por un lado, su casi hermano Otto René Castillo, quien predicó con el ejemplo su fe revolucionaria y lo pagó con su vida; por otro, el premio Nobel Miguel Ángel Asturias, un escritor admirado por Dalton en su juventud, quien –inmediatamente después de haber recibido el Premio Lenin en Moscú– aceptó convertirse en embajador en París del mismo gobierno guatemalteco que torturó y asesinó a Otto René Castillo. El primero habría sido un poeta integral, cuyos pensamientos y palabras se correspondían con su actitud hacia la vida, según la axiología de Dalton; en tanto que Asturias no pasaba de ser un oportunista, al que por ello dedicó un breve poema titulado «Guatemala feliz»: «Cada país / tiene el Premio Nobel que se merece».

Para Dalton, el valor ético –la actitud consecuente del escritor– estaba encima del valor de la obra literaria. Y agitaba su maniqueísmo con el ceño del cruzado.


4


Pero el hombre que buscaba encarnar el arquetipo del poeta revolucionario era, claro está, un ser lleno de paradojas, desgarrado por las contradicciones a tal grado que podría ser considerado «el poeta de las desgarraduras». Nació entre dos mundos, no solo por ser hijo «natural» o fuera de matrimonio y porque sus padres procedieran de distintas clases sociales, sino porque su padre era un ciudadano de Estados Unidos, la encarnación del mal para el revolucionario Dalton, quien pudo haber optado por esta nacionalidad si así lo hubiera deseado. La conciencia de esta desgarradura original se expresa a lo largo de su poesía: «En el barrio de los golfos fui / el hijo del millonario norteamericano y en el Colegio / para los hijos de los millonarios (el Externado de San José en la época / cuando apenas comenzaban a ingresar por excepción / los superdotados de la clase media) fui / el rapaz escapado por no sé qué puerta falsa del barrio de los golfos».

Y, más adelante, en ese mismo poema: «Mi alto nivel técnico en el fútbol / y el hecho de ser hijo natural / me hicieron absolutamente señalable en el más gordo nivel social. "Dicen / que tú ingresaste al Partido Comunista por complejos" —me dijo un día en México, Miguelito Regalado Dueñas después de pagarme la cena / y hablar del señor Marx. / Los complejos, señores del Jurado, no tienen / nada que ver con la conciencia política: a lo más sirven / para otorgar el matiz trágico». Los Regalado Dueñas eran una de las llamadas «catorce familias» oligárquicas propietarias de El Salvador, sostenedoras del *statu quo* injusto y represivo a través del ejército contra el que Dalton luchaba desde las filas revolucionarias. El hecho de que él tuviera excondiscípulos de colegios procedentes de esa feroz oligarquía, y que mantuviera una relación cordial con ellos en su vida adulta, era otra de esas contradicciones del hombre aún desgarrado entre dos mundos irreconciliables, una contradicción que seguramente acentuó su mentalidad radical, extremista.

La imagen de Dalton como un poeta desgarrado no es antojadiza. Él mismo asume su rotura existencial entre el ser y el deber ser: «Pues hay dos planos en la misma fotografía mágica / el de mis angustias / o sea el de mis criterios sobre mí mismo / y el de lo que debo hacer / por eso en mi caso los deseos / tienen ese paso tan sobresaliente / que parece posado en valses-emboscadas».

Quisiera nada más mencionar tres ejes en los que se expresó ese desgarre entre dos conductas antagónicas, incompatibles, y que el poeta convirtió en líneas temáticas de su obra: el primero es el eje en el que se confrontan las exigencias de la mística revolucionaria, por un lado, y su personalidad bohemia, de bebedor y mujeriego empedernido, por el otro. En *Un libro levemente odioso* (1988), Dalton incluye un poema —que es en realidad una cita— bajo el título «Hablan de mí en una novela de Raymond Chandler»: «—¿Qué tal persona es cuando está sereno? / Sonrió. / —Bien, soy bastante parcial. Yo creo que es una persona muy buena. / —¿Y cómo es borracho? / —Horrible. Brillante, duro y cruel. Cree que es gracioso cuando solamente es odioso». El segundo, en el que chocan su sentido crítico agudo y descarnado, y la fidelidad al socialismo real. Su largo poema «Taberna» está casi por completo inserto en esta línea temática: «No busques otro camino, loco, / cuando ha pasado la época heroica en un país que hizo su / revolución, / la conducta revolucionaria / está cerca de este lindo cinismo / de bases tan exquisitas: / palabras, palabras, palabras». Y, por último, el eje de contradicción entre la solemnidad partidaria a la que debía respeto y su temperamento sarcástico, burlón, iconoclasta. El mismo poeta que puso la dedicatoria «A mi partido» a una sección del libro *Los testimonios*, después escribiría con sorna: «Una crítica a la Unión Soviética / sólo la puede hacer un antisoviético. // Una crítica a China / sólo la puede hacer un antichino. // Una crítica al Partido Comunista Salvadoreño / sólo la puede hacer un agente de la CIA. // Una autocrítica equivale al suicidio».

Cuentan que en 1970, Dalton se reunió en París con Salvador Cayetano Carpio, el viejo líder obrero y comunista que recién había abandonado el PCS y se dedicaba a formar la primera organización guerrillera en El Salvador. El poeta le expresó su deseo de incorporarse a ese esfuerzo; el viejo dirigente le habría dicho que no, gracias, que su papel era como escritor, no como combatiente. Me parece que el hecho de que los hombres de acción manifestaran cierto desprecio hacia los escritores e intelectuales en las filas revolucionarias salvadoreñas ejerció una considerable influencia en Dalton, no tanto por el reto de combinar su oficio de escritor y su militancia política, sino porque lo obligaba a llegar hasta las últimas consecuencias para demostrar y demostrarse que podía encarnar su arquetipo de poeta revolucionario. Una última paradoja fue, pues, que no pudiera ingresar a la organización guerrillera comunista liderada por un obrero en la que creía tener su lugar, sino en otro grupo guerrillero de origen demócrata cristiano en el que finalmente fue asesinado bajo la acusación, primero, de ser agente de la CIA y, luego, de ser agente cubano.

## 5

Mi impresión es que Roque Dalton fue siempre un hombre de fe. A lo largo de su vida, fue modificando la ideología en la cual concentraba su fe, pero esta nunca dejó de constituir una virtud cardinal. En un verso de «Taberna» –que más parece máxima– lo sentó con absoluta claridad: «Tener fe es la mejor audacia / Y la audacia es bellísima». Pero era un hombre de fe que se mantenía en una tensión constante para aplacar las dudas que surgían de su mente aguda, de su sentido crítico: «Quien se atreva a regar el musgo de la duda / quien se atreva a expandir esa lágrima / quien se atreva a la prudencia / será tenido por confeso».

Como él reconoce, su educación jesuita fue fundamental en la conformación de su forma de pensamiento, lo que se evidencia en su obra: «La mera duda es aristocrática, pillo jesuita, / padre de mi lógica». Experimentó dos procesos de conversión fundamentales: primero, del catolicismo jesuita al comunismo representado por el Partido; luego, cuando los partidos comunistas de Latinoamérica abjuraron de la lucha armada siguiendo instrucciones de Moscú, convirtió la lucha guerrillera en el nuevo motivo de su fe. Ambas conversiones se reflejan intensamente en su poesía, la cual se convierte en terreno para el debate ideológico. La tensión entre cristianismo y comunismo inspira una de sus principales obras —«Los hongos»— que contiene la siguiente dedicatoria: «Dedico este poema a Ernesto Cardenal, como un problema nuestro, es decir, de los católicos y de los comunistas». En este largo poema collage, Dalton contrapuntea una línea autobiográfica con una línea en la que, citando a filósofos e historiadores, critica la naturaleza criminal del poder del Vaticano y le niega cualquier posibilidad de contenido liberador.

Su cambio de fe es completo. Es un converso firme que no desarrollará el dogma cristiano para llegar a la teología de la liberación. Al contrario: nada de ella le convence y la objeta frontalmente. En los *Poemas clandestinos* la considera como «una vacuna» contra el comunismo y se pregunta: «¿No será acaso también un síntoma / de que la burguesía quiere robarle al proletariado / hasta el mismo marxismo?». Pero una vez instalado en la nueva fe, Dalton pronto comenzó a identificarse con la figura del hereje, que en este caso significaba alinearse dentro del comunismo con aquellos que buscaban la revolución armada en contra de los que propugnaban la vía pacífica. Si los partidos comunistas se asemejaban cada vez más a la Iglesia católica, lo natural era que el poeta revolucionario se convirtiera a la nueva herejía representada por las organizaciones guerrilleras. Ya desde «Taberna», en 1969, Dalton escribió una estrofa que reflejaba su nueva fe y que resultaría macabra a la luz de su muerte: «Lo único que sí puedo decirte es que / la única organización pura que / va quedando en el mundo de los hombres / es la guerrilla. / Todo lo demás muestra manchas de pudrición». La opción por la lucha armada fue asumida por el poeta con plena conciencia de lo que conllevaba, como una forma de profundizar su fe: «La herejía como su propia etimología lo indica / significa elección…». Pero si bien se trata de una elección personal, a la guerra no se va solo. De ahí que Dalton insista: «La herejía es colectiva o no es importante».

No es casual que «Los hongos» –fechado en 1971, cuando Dalton estaba pronto a iniciar su aventura guerrillera– termine con una confesión que es, al mismo tiempo, una asunción del nuevo estatus del poeta y una intuición sobre la muerte que se avecinaba: «Es la primera / confesión seria que hago desde 1954 y la primera de mi vida / en que no busco la absolución. Una especie / de confesión platónica. / Ud. sabe: me quedan algunos meses de vida. Los elegidos / de los dioses seguimos estando a la izquierda del corazón. / Debidamente condenados como herejes». Convertido en hereje, ahora puede criticar abiertamente a la institucionalidad comunista, con la misma irreverencia con que antes se había burlado del poder papal: «A mí me expulsaron del Partido Comunista / mucho antes de que me excomulgaran / en la Iglesia católica. // Eso no es nada: / a mí me excomulgaron en la Iglesia católica / después de que me expulsaran del Partido Comunista. // ¡Puah! / A mí me expulsaron del Partido Comunista / porque me excomulgaron en la Iglesia católica».

# 6

Abordar en detalle las diversas hipótesis sobre el proceso que condujo al asesinato de Dalton es un esfuerzo que rebasa los propósitos de mi ponencia en esta cátedra. ¿Víctima de una confrontación entre militaristas convencidos de la viabilidad de la estrategia insurreccional con apoyo de sectores del ejército versus partidarios de una estrategia de largo plazo basada en la organización de las masas? ¿Pleito pasional entre Dalton y el jefe de la camarilla —Alejandro Rivas Mira— por una mujer que cambió a este por aquel? ¿Fino trabajo de zapa de la CIA a través de Rivas Mira, quien siempre habría sido un infiltrado (*El hombre que fue jueves* de Chesterton) y que por ello, luego del asesinato del poeta, pudo huir con un rescate millonario sin que hasta la fecha se tenga noticia de su paradero y sin que —lo más importante— nunca haya sido perseguido por la Interpol ni por ninguna policía internacional, como si contara con una protección todopoderosa?

La tragedia del hereje consiste en ser asesinado no por el enemigo ni por la ortodoxia, sino por sus propios compañeros de herejía. A Miguel Servet no lo mató el servicio de inteligencia de la Iglesia católica que le había seguido los pasos por media Europa, sino un jefe de herejes, Juan Calvino.

La tragedia del hereje consiste en ser asesinado por sus propios compañeros bajo la acusación de traición que él mismo predijo que le harían y que había descrito en detalle en la novela que se publicaría póstumamente. Ya se lo había advertido la CIA: te vamos a enmierdar el fantasma rojo. Y qué peor cosa que ser asesinado bajo la acusación precisamente de ser agente de la CIA.

La tragedia del hereje consiste en que sus mismos «compañeros de horda» duden de él en los momentos en que se apresta a arriesgar su vida por la causa, cuando lo que requiere es toda la confianza. De qué otra manera se pueden interpretar estos versos escritos por Dalton en La Habana el 22 y 23 de abril de 1973, unos meses antes de zarpar a su aventura, cuando en los ambientes oficiales cubanos circulaban rumores en su contra: «¿Por qué no otorgarme el más impaciente de los créditos? / Siempre di muestras de esa salud / que ha saboreado todas las dolencias / os quedaréis llenos de culpa resoplando eternamente / el fuelle de la traición a la sospecha de la traición».

¿Qué es lo que irrita tanto de un poeta hereje a sus compañeros de herejía como para que tomen la decisión de pasarlo por las armas expeditamente, luego de un juicio de opereta? Más allá de los fanatismos políticos e ideológicos, o de una pasión maligna fruto de los celos que buscaba venganza, o de la matonería propia de las sectas militaristas, me parece que hay un rasgo central en Dalton que inmediatamente lo hacía visible, irritante a los detentadores del poder: la carcajada subversiva. El humor es subversivo para los jerarcas de cualquier bando, de cualquier ideología. Al poder no le gusta reír y, mucho menos, que se rían de él; la solemnidad y la reverencia son lo suyo. Dalton lo sintetizó cabalmente en unos versos incluidos en *Poemas clandestinos*: «Podréis juzgar / la catadura moral de un régimen político, / de una institución política, / de un hombre político, / por el grado de peligrosidad que otorguen / al hecho de ser observados / por los ojos de un poeta satírico». Y lo que en literatura era la sátira, en su vida diaria se expresaba en una actitud crítica, descarnada, sarcástica, burlona. Su temperamento estaba por encima de la racionalidad que rige las formas y las convenciones en cualquier organización política. La carcajada del poeta resultaba subversiva en toda estructura de poder. Dalton nunca pudo contener la risa ni la mofa. Él lo dijo con absoluta claridad en unos versos memorables: «Nunca logré contener la risa. / Incluso creo que el resumen de mi vida podría ser ese: / nunca logré contener la risa».

¿De quién se rio en sus versos y, seguramente, en sus conversaciones diarias? Casi todos los actores políticos que encontró en su camino fueron objeto de su afilada pluma. Disparaba con ventilador —como se dice— no solo contra los personeros de sus enemigos «naturales» (Estados Unidos, la oligarquía y el ejército salvadoreños, la Iglesia católica, etcétera), sino también contra sus propios compañeros de ruta, como se desprende de algunos de los poemas citados. Y, por supuesto, disparaba contra sí mismo, con el mayor rigor y esto era lo que daba legitimidad a su verbo: se burlaba del mundo circundante al mismo tiempo que se burlaba de sí mismo. ¿No cabría suponer entonces que una vez incorporado a la lucha guerrillera su temperamento volvió a manifestarse, a acicatearlo a él mismo y a quienes le rodeaban?

Terminaré diciendo que el asesinato de Dalton significó un quiebre vital de un arquetipo o modelo de escritor en Latinoamérica propugnado por la revolución cubana: el escritor combatiente para quien la lucha revolucionaria era el eje de su vida. El asesinato de otros poetas militantes a manos de los regímenes represivos −el peruano Javier Heraud, el argentino Francisco Urondo o el nicaragüense Leonel Rugama− más bien reafirmaba ese modelo, en tanto que la muerte de Dalton mostró con descarno que el componente criminal de la violencia revolucionaria no es mejor que el de la violencia reaccionaria. A Dalton lo mató la forma organizativa que él consideraba más pura y auténtica, la única que no llegó a criticar en sus versos; lo asesinó su propio modelo de escritor combatiente, su misma utopía.

Asocio la muerte de Dalton con la de Christopher Marlowe, el dramaturgo inglés asesinado por sus camaradas en 1593 en un pleito de exespías, un asesinato del que nunca se tuvo una versión fehaciente y del que jamás se encontró el cadáver. Más allá de la muerte controvertida, me gustaría que la obra de Dalton perviva con la misma fuerza con que ha pervivido la de Marlowe.

# TRES TEXTOS SOBRE BOLAÑO

## 1. LA FUERZA DE UNA PROSA

Leí *Los detectives salvajes* (1998) en las peores condiciones en las que puede leerse un libro. Corría el mes de junio del año 2000, pocas semanas antes de que tuvieran lugar en México las llamadas «elecciones del siglo», que acabarían con más de medio siglo de régimen priísta. Yo era uno de los coordinadores de la cobertura periodística de esa campaña para una empresa corporativa dueña de cinco periódicos. Varias docenas de periodistas estaban bajo mis órdenes y el trabajo era intenso y agotador, los siete días de la semana, de las once de la mañana hasta pasada la medianoche. En esas condiciones empecé a leer la novela de Roberto Bolaño. Llegaba a casa agotado, pero con esa adrenalina que todo periodista padece en la madrugada, secuela del cierre, y en vez de hacer el acostumbrado *zapping* frente a la tele hasta adormecerme, abría el libro de Bolaño y, para mi sorpresa, me sumergía en él cada noche y cada mañana, ansioso por continuar con la lectura, fascinado por la fuerza y el magnetismo de esa prosa que me agarraba por el cuello, me sacaba de mi barullo político y me metía en su intenso mundo narrativo. No sé cuántos días tardé en acabar ese mamotreto, quizá alrededor de una semana. No es importante. Lo que vale es que no pude soltarlo en mis poquísimas horas libres hasta terminarlo. Como decía Samuel Johnson con respecto a Shakespeare: «El objetivo principal de todo escritor es despertar la inquieta e insaciable curiosidad del lector y obligarle a leer la obra hasta el final». Puedo decir que *Los detectives salvajes* cumplió con creces ese objetivo, siendo yo entonces el lector menos indicado. Es algo que se agradece. Una vez se lo comenté a su autor, pero Roberto enseguida cambió de tema, como quien prefiere hablar de los libros de otros.

## 2. EL GUÍA DE LOS ZAPADORES SUICIDAS

Las cenizas de Roberto Bolaño fueron tiradas al mar por su hijo Lautaro, el pasado martes 15, en la playa de Blanes, un pueblito costero a una hora en tren de Barcelona, donde pululan turistas alemanes y franceses de la tercera edad, ansiosos por tostar su impudicia bajo el sol. Ahí Roberto pasó el último período de su vida escribiendo. Llegó por azar, luego de años de vagabundeo, a trabajar a una joyería con su madre.

Roberto era un tipo obsesivo. Si un amigo lo visitaba por primera vez en Blanes, daba las indicaciones sobre rutas y tiempos del transporte público con tal precisión, que luego de transbordar en la última estación del tren de cercanías y tomar el bus indicado, uno no podía sino bajar en la parada exacta en el mismo instante en que Roberto también aparecía, como si hubiese estado al acecho. Y seguramente estaba al acecho, como lo estaba de todo lo que tuviera que ver con la literatura, un loco compulsivo que parecía haberlo leído todo, entre cigarrillo y cigarrillo, apenas durmiendo unas pocas horas, a tal grado que ya no cupo con sus libros en su piso del centro de Blanes y tuvo que conseguir un estudio donde se encerraba todas las mañanas —a piedra y lodo— a leer y a escribir, ajeno al teléfono y a cualquier distracción hasta la hora del almuerzo.

Dicen que Roberto era un iconoclasta, un provocador, pero nada más lejano a él que la provocación por la provocación, que la pose del *enfant terrible*. Era serio, extremadamente serio, en sus opiniones. «El nivel de nuestros intelectuales está a la misma altura que el de nuestros gobernantes», me escribió una vez a propósito de un premio literario en el que debió haber sido jurado. Serio e intransigente. Lo que no le parecía, no le parecía, y con la corrección política se limpiaba el culo. Otra vez, refiriéndose a las grandes ligas de la literatura latinoamericana, me escribió: «Para jugar en esas ligas lo único necesario es un grado de excelencia (…) a menos que entiendas por ligas mayores el rancio club privado y lleno de telarañas presidido por Vargas Llosa, García Márquez, Fuentes y otros pterodáctilos».

Le gustaban los énfasis, eso sí. Y no transigía, por carácter, como cuando arremetió sin piedad contra Ángeles Mastretta, quien no estuvo de acuerdo con que a Roberto le entregaran el Premio Rómulo Gallegos. En una ocasión le hice llegar un librito en el que se habla mal de las pupusas —el plato nacional de El Salvador— y su respuesta fue contundente: «Una cosa en la que no estoy de acuerdo, BAJO NINGUNA CIRCUNSTANCIA [en mayúscula], es en tu apreciación sobre las pupusas. Cuando yo estuve en El Salvador, en 1973, las pupusas me encantaron y comí muchas y en muchos sitios (…). Puede que desde entonces las pupusas también degeneraran, pero lo dudo».

Pocas cosas lo amilanaban, exceptuando su eventual regreso a México («ya nos veremos en México, cuando mis fantasmas me permitan acercarme a esa ciudad terrible, pero mejor nos vemos en España», me decía). Y si algunos pudieron creer que *Los detectives salvajes* era su obra maestra —o, al menos, «la» novela de nuestra generación—, pronto estuvo embarcado en un proyecto mucho más ambicioso, la novela inconclusa titulada *2666*, basada en los asesinatos de mujeres en Ciudad Juárez, «unas mil páginas, en donde los crímenes de Juárez City brillan con luz negra».

Ahora que su muerte es noticia, en algún lugar leí que Roberto era un solitario, un personaje inaccesible. Solitarios son todos los escritores de estirpe, pero inaccesible no me pareció. Una vez llegábamos a la puerta de su edificio, en el centro de Blanes, cuando dos reporteros de un diario español virtualmente lo cazaron, en busca de una foto, y no de cualquier foto: bajo un intenso sol primaveral, caminamos como ocho cuadras por la costera hasta encontrar la playa rocosa donde debía posar para la foto de marras. Nunca perdió la cortesía, la calidez en el trato, la naturalidad.

En el fondo, lo intuí como un vagabundo rebelde que por fin fondea en el puerto que siempre había buscado: Blanes, la familia y la tranquilidad para escribir su obra. Un hombre contento con su oficio, con su vida. «Pues sí, ya está aquí mi hija Alejandra: es una niña preciosa y tranquila. Durante el parto, por supuesto, casi me desmayé. No sé si es mala salud o los años o si siempre fui así de delicado, probablemente esto último. Pero mi mujer suplió estas lagunas poéticas poniéndole un valor a prueba de balas», me escribía en marzo de 2001.

Se equivocaba. No era su delicadeza, sino que el demonio de la enfermedad ya estaba enquistado en su cuerpo, corroyendo su hígado. Cuando lo conocí no bebía gota de alcohol ni café y seguía una dieta estricta; fumaba compulsivamente, ya lo dije, como personaje de una vieja película francesa. Murió joven, al igual que sus escritores y personajes queridos. Sé que no le habría importado mi atrevimiento de citar fragmentos de sus cartas para intentar este brevísimo retrato. Era el avanzado, como el guía de una escuadra de zapadores suicidas.

### 3. EL MITO BOLAÑO EN ESTADOS UNIDOS

Me había propuesto no volver a hablar o escribir sobre Roberto Bolaño. Ha sido objeto de demasiado manoseo en los dos últimos años, sobre todo en cierta prensa estadounidense, y me dije que ya bastaba de intoxicación. Pero aquí estoy de nuevo escribiendo sobre él, como un viejo vicioso, como el alcohólico que promete que esa es la última copa de su vida y, a la mañana siguiente, jura que solo se tomará una más para salir de la resaca. Y la culpa de mi recaída la tiene mi amiga Sarah Pollack, quien me hizo llegar su agudo ensayo académico precisamente sobre la construcción del «mito Bolaño» en Estados Unidos. Sarah es profesora en la City University of New York y su texto, titulado «Latin America Translated (Again): Roberto Bolaño's *The Savage Detectives* in the United States», ha sido publicado en el más reciente número de la revista trimestral *Comparative Literature*.

Albert Fianelli, un colega periodista italiano, parodia al doctor Goebbels y dice que cada vez que alguien menciona la palabra mercado él saca la pistola. Yo no soy tan extremista, pero tampoco me creo el cuento de que el mercado sea esa deidad que se mueve a sí misma gracias a unas leyes misteriosas. El mercado tiene dueños, como todo en este infecto planeta, y son los dueños del mercado quienes deciden el mambo que se baila, se trate de vender condones baratos o novelas latinoamericanas en Estados Unidos. Lo digo porque la idea central del trabajo de Sarah es que detrás de la construcción del mito Bolaño no solo hubo un operativo de marketing editorial, sino también una redefinición de la imagen de la cultura y la literatura latinoamericanas que el establishment cultural estadounidense ahora le está vendiendo a su público.

No sé si sea mi mala suerte o si a otros colegas también les sucedió, pero cada vez que me encontraba en territorio estadounidense –podía ser en el bar de un aeropuerto, en una reunión social o donde fuera– y cometía la imprudencia de reconocer ante un ciudadano de ese país que soy escritor de ficciones y que procedo de Latinoamérica, este de inmediato tenía que desenvainar a García Márquez, y lo hacía además con una sonrisa de autosuficiencia como si me estuviera diciendo «los conozco, sé de qué van ustedes» –claro que me encontré con otros más silvestres que alardeaban con Isabel Allende o Paulo

Coelho, lo que tampoco hacía diferencia, porque se trata de versiones light y de autoayuda de García Márquez–. En los tiempos que corren, sin embargo, esos mismos ciudadanos, en los mismos bares de aeropuertos o en reuniones sociales, han comenzado a desenvainar a Bolaño.

Otra idea clave de Pollack es que durante treinta años la obra de García Márquez con su realismo mágico representó a la literatura latinoamericana en la imaginación del lector estadounidense. Pero como todo se desgasta y termina percudiéndose, el establishment cultural necesitaba un recambio: hizo tanteos con los muchachos de los grupos literarios McOndo y Crack, sin embargo, no servían para la empresa sobre todo porque, como explica Pollack, era muy difícil vender al lector estadounidense el mundo de los iPods y de las novelas de espías nazis como la nueva imagen de Latinoamérica y su literatura. Entonces apareció Bolaño con *Los detectives salvajes* y su visceral realismo.

Que «nadie sabe para quién trabaja» es una frase hecha que me gusta repetir, pero también es una realidad grosera que me ha golpeado una y otra vez en la vida. Y no solo a mí, estoy seguro de ello. Sigamos. Los cuentos y las novelas breves de Bolaño venían siendo publicados en Estados Unidos con esmero y tenacidad por New Directions, una muy prestigiosa editorial independiente pero de difusión modesta, cuando de pronto apareció, en medio de las negociaciones para la compra de *Los detectives salvajes*, como surgida de los cielos, la poderosa mano de los dueños de la fortuna, quienes decidieron que esta excelente novela era la obra llamada para el recambio –escrita además por un autor que había muerto hacía muy poco, lo que facilitaba los procedimientos para organizar la operación– y pagaron lo que fuera por ella. La construcción del mito precedió al gran lanzamiento de la novela. Cito a Sarah Pollack: «El genio creativo de Bolaño, su atractiva biografía, su experiencia personal en el golpe de Pinochet, la calificación de algunas de sus obras como novelas de las dictaduras del Cono Sur y su muerte en 2003 a causa de una falla hepática a sus cincuenta años de edad, contribuyeron a "producir" la figura del autor para la recepción y el consumo en Estados Unidos, incluso antes de que se propagara la lectura de sus obras».

Quizá no haya sido yo el único sorprendido cuando, al abrir la edición norteamericana de *Los detectives salvajes*, me encontré con una foto del autor que no conocía. Es el Bolaño posadolescente, con la cabellera larga y el bigotito –la pinta hippie–, el joven contestatario de la época de los infrarrealistas y no el Bolaño que escribió los libros que conocemos. Celebré la foto, y como soy ingenuo me dije que seguramente había sido un golpe de suerte para los editores conseguir una foto de la época a la que alude la mayor parte de la novela (ahora que los infrarrealistas han abierto su sitio web, varias de esas fotos se encuentran colgadas ahí, en las que descubro a mis cuates Pepe Peguero, Pita, el «Mac» y hasta al periodista peruano radicado en París, José Rosas, de quien yo desconocía su pertenencia al grupo). No se me ocurrió pensar entonces, pues el libro apenas salía del horno y comenzaba el revuelo en los medios de Nueva York, que esa evocación nostálgica de la contracultura rebelde de los sesenta y setenta era parte de una bien afinada estrategia.

No fue casual que en la mayoría de los artículos sobre el perfil del autor se hiciera énfasis en los episodios de su juventud tumultuosa: la decisión de salirse de la escuela secundaria y convertirse en poeta; su odisea terrestre de México a Chile donde fue encarcelado luego del golpe de Estado; la formación del fracasado movimiento infrarrealista con el poeta Mario Santiago; su existencia itinerante en Europa; sus empleos eventuales como cuidador de camping y lavaplatos; una supuesta adicción a las drogas y su súbita muerte. «Estos episodios iconoclastas eran demasiado tentadores como para que no fueran convertidos en una tragedia de proporciones míticas: he aquí alguien que vivió los ideales de su juventud hasta las últimas consecuencias. O como rezaba el titular de uno de esos artículos: *¡Descubran al Kurt Cobain de la literatura latinoamericana!*».

Ningún periodista estadounidense resaltó el hecho —advierte Sarah Pollack— de que *Los detectives salvajes* y la mayor parte de la obra en prosa de Bolaño fue escrita durante los últimos diez años de su vida, «cuando éste era un sobrio y reposado hombre de familia» y un excelente padre —agregaría yo—, cuya mayor preocupación eran sus hijos (si al final de su vida tuvo una amante, lo hizo en el más conservador estilo latinoamericano: sin atentar contra la conservación familiar). «Bolaño aparece ante el lector [estadounidense], incluso antes de que uno abra la primera página de la novela [*Los detectives salvajes*], como una mezcla entre los beats y Arthur Rimbaud, con su vida convertida ya en materia de leyenda.» La mayoría de los críticos ha pasado por alto que Bolaño no murió a causa de un exceso de drogas y alcohol, sino por una vieja pancreatitis mal cuidada que le inutilizó el hígado (fue lo que me explicó en Blanes, donde yo era el único que alzaba la copa y él bebía té). Y que su caso es más semejante a los de Balzac y Proust —quienes también murieron a los cincuenta años después de un esfuerzo de trabajo descomunal— que al de los ídolos pop estadounidenses consumidos por la droga y el escándalo.

Digo yo que a Bolaño le hubiera hecho gracia saber que lo llamarían el James Dean, el Jim Morrison o el Jack Kerouac de la literatura latinoamericana. ¿Acaso no se titula la primera novelita que escribió a cuatro manos con García Porta *Consejos de un discípulo de Morrison a un fanático de Joyce*? Quizá no le hubiera hecho gracia saber los motivos ocultos por los que lo llaman así, pero esa es harina de otro costal. Lo cierto es que Bolaño siempre fue un contestatario; nunca un subversivo ni un revolucionario involucrado en movimientos políticos, ni tampoco un escritor maldito (como sí lo fue su colega de aquellos primeros años, el poeta veracruzano Orlando Guillén, pero esa es otra historia que espera ser contada), sino un contestatario, tal como lo define la Real Academia: «Que polemiza, se opone o protesta contra algo establecido».

Fue contestatario contra el establishment literario mexicano —ya fuera representado por Juan Bañuelos u Octavio Paz— a principios de los setenta; con esa misma mentalidad contestataria y no con una militancia política, se fue al Chile de Allende (a propósito de ese viaje, que un periodista de *The New York Times* ha puesto en duda, he llamado a Bayonne a mi amigo cineasta Manuel «Meme» Sorto, para preguntarle si no es cierto que Bolaño pernoctó en su casa en San Salvador cuando iba hacia Chile y también a su regreso —el mismo Bolaño lo menciona en *Amuleto*— y esto es lo que Meme me ha dicho: «Roberto aún venía conmocionado por el susto de haber estado en la cárcel. Se quedó en mi casa de la colonia Atlacatl y luego lo llevé a la parada del Parque Libertad a que tomara el autobús hacia Guatemala»). Y se mantuvo contestatario hasta el final de su vida, cuando ya la fortuna lo había tocado y arremetía contra las vacas sagradas de la novelística latinoamericana, en especial contra el Boom.

Fue esa faceta contestataria de su vida la que serviría a la perfección para la construcción del mito en Estados Unidos, del mismo modo que una faceta de la vida del Che —la del viaje en motocicleta y no la del ministro del régimen castrista— se utiliza para vender su mito en ese mismo mercado. La nueva imagen de lo latinoamericano no es tan nueva: se trata de la vieja mitología del *road trip* que viene desde Kerouac y que ahora se ha reciclado con el rostro Gael García Bernal. Con la novedad de que para el lector estadounidense, de acuerdo con Pollack, dos mensajes complementarios que apelan a su sensibilidad y expectativas se desprenden de *Los detectives salvajes*: por un lado, la novela evoca el «idealismo juvenil» que lleva a la rebeldía y la aventura; pero, por otro, puede ser leída como un «cuento de advertencia moral», en el sentido de que «está muy bien ser un rebelde descarado a los diecisiete años, pero si uno no crece y no se convierte en una persona adulta, seria y asentada, las consecuencias pueden ser trágicas y patéticas», como en el caso de Arturo Belano y Ulises Lima. Concluye Pollack: «Es como si Bolaño estuviera confirmando lo que las normas culturales de Estados Unidos promocionan como la verdad». Y yo digo: es que así fue en el caso de nuestro insigne escritor, quien necesitó asentarse y contar con una sólida base familiar para escribir la imponente obra que escribió.

Lo que no es culpa del autor es que algunos lectores estadounidenses, a través de *Los detectives salvajes*, quieran confirmar sus peores prejuicios paternalistas hacia Latinoamérica, según explica Sarah Pollack, como la superioridad de la ética protestante del trabajo o esa dicotomía por la cual los norteamericanos se ven a sí mismos como trabajadores, maduros, responsables y honestos, mientras que a los vecinos del sur nos ven como haraganes, adolescentes, temerarios y delincuentes. Dice Pollack que desde este punto de vista, *Los detectives salvajes* es «una muy cómoda elección para los lectores estadounidenses, pues les ofrece los placeres del salvaje y la superioridad del civilizado». Y repito yo: nadie sabe para quién trabaja. O como escribía Roque Dalton: «Cualquiera puede hacer de los libros del joven Marx un liviano puré de berenjenas, lo difícil es conservarlos como son, es decir, como un alarmante hormiguero».

# TERCERA PARTE

# LA SENDA DE KENZABURO OÉ:
## DEL SHOCK A LA ACEPTACIÓN

## 1

Fue a principios de 1982, en una librería de la Zona Rosa en la Ciudad de México, donde compré aquel pequeño libro de un autor que nunca había oído mencionar. Recuerdo muy bien que el librito llamó mi atención por su formato inusual —muy angosto, la mitad del tamaño tradicional, pero de altura regular, lo que, junto al papel grueso de sus interiores, lo convertía en un objeto compacto, llamativo—, formato que expresaba mucha creatividad o la astucia para aprovechar los sobrantes de un tamaño especial de papel. La editorial se llamaba Extemporáneos; repasé sus títulos en exhibición y dos de ellos llamaron mi atención: una antología titulada *Muchachos desnudos bajo el arcoiris de fuego: once jóvenes poetas latinoamericanos*, compilada por un chileno también desconocido de nombre Roberto Bolaño, cuyas páginas hojeé sin terminar de entusiasmarme, y el libro que finalmente compré, una novela corta titulada *La captura* (1957), del japonés Kenzaburo Oé.

Yo era un joven de veinticinco años, escribía cuentos, pero dedicaba casi todo mi tiempo a trabajar como periodista para una agencia de prensa, propiedad de una organización revolucionaria salvadoreña; mi pasión dominante, como la de muchos de mis semejantes en aquella época, era la guerra. No es de extrañar entonces que haya preferido gastar los pocos pesos que me sobraban para comprar el libro de un autor japonés desconocido, en vez de una antología de jóvenes poetas latinoamericanos que me parecieron superfluos. La novela de Oé sucede durante la Segunda Guerra Mundial, cuenta la historia de un soldado estadounidense de raza negra que sobrevive a la caída de un avión y es capturado por los pobladores de una remota aldea japonesa, quienes jamás habían visto a un negro, por lo que lo encierran en una jaula. La historia es contada, con tono inocente y economía de recursos, por uno de los chicuelos del pueblo para quien el negro era «un raro y maravilloso animal doméstico». Me pareció una manera novedosa de abordar una temática emanada de la guerra, muy sugerente para un escritor en ciernes como yo, quien era atiborrado a diario precisamente por anécdotas de la guerra civil, que en esos momentos sucedía en mi país.

*La captura* fue el primer libro de un autor japonés que leí en mi vida y durante un tiempo lo blandí como mi descubrimiento personal y mi punto de referencia cuando hablaba con mis amigos de literaturas lejanas y desconocidas para nosotros. La edición estaba fechada en 1976 y había sido traducida por Oscar Montes, un nombre que tampoco me decía nada. Dieciocho años después, el mismo año en que Oé ganaba el Premio Nobel de Literatura, aparecía la primera edición española de ese libro bajo el título de *La presa*.

## 2

«Que la vida hace con uno lo que a ella se le antoja» no es solo la primera frase de un relato que nunca terminé, sino sobre todo una verdad contundente en mi experiencia personal. Muchas veces las rutas de mi vida han aparecido sin que yo las esperara ni las intuyera, de una manera casi fortuita, lo que en no pocas ocasiones me ha llevado a pensar que el destino existe, que está trazado de antemano, como lo está la órbita de los millones de millones de estrellas que no vemos en el cielo. Lo que me propongo casi nunca se realiza; y lo que ni imagino, sucede. Solo así me puedo explicar el hecho de que el 7 de julio del año 2009 haya aterrizado en el aeropuerto de Narita para una estadía de seis meses en Japón. ¿Quién me hubiera dicho, dos años atrás, que la siguiente estación en mi camino sería una pequeña habitación en la zona de Sangenjaya de Tokio? Todo comenzó en la primavera de 2008, cuando recibí un correo electrónico del profesor Ryukichi Terao, quien me decía que era un lector entusiasta de mi obra, hablaba de la posibilidad de ser invitado a pasar una temporada en Japón y me preguntaba si estaba interesado. Yo tenía entonces tres años de estar residiendo en Pittsburgh, Pensilvania, una ciudad que se puso en mi camino de la misma forma inesperada en que ahora se ponía Tokio. Le respondí que por supuesto, que cómo había que proceder. El profesor Terao —un experto en literatura latinoamericana, doctorado en la Universidad de Tokio, traductor y con largas estadías de trabajo en México, Colombia y Venezuela— me indicó que aplicara a un programa de la Fundación Japón que me permitiera estudiar la obra de un autor japonés y que lo más conveniente era buscar un tema relacionado con la violencia, ya que esa era la pátina de mi obra.

Me gustaría decir que a esa altura de mi vida, yo era un experto en literatura japonesa o, al menos, un fanático de la misma, pero la boca no me da para tanto. Ciertamente mi conocimiento iba mucho más allá de *La captura* de Oé —incluso antes de la noticia del Nobel ya había leído su novela *Un asunto personal* (1964), cuyo final feliz no me hizo feliz—, en especial había disfrutado las ficciones de Yasunari Kawabata y también las de Yukio Mishima, quien a primera vista parecía el más propicio para un abordaje desde el tema de la violencia. Pero enseguida deseché esa posibilidad, no solo porque después de los textos de Henry Miller y Marguerite

Yourcenar me hubiera sentido como mudo en la cabina de los locutores, sino también porque algo en la personalidad de Mishima siempre me resultó desagradable, su exhibicionismo de macho maricón, por llamarlo de alguna manera.

Fue en la Hillman Library de la Universidad de Pittsburgh donde encontré el breve libro que me dio la pista de lo que podía estudiar en Japón: una temática que fuera más allá de la violencia y que significara un reto y un aprendizaje. El libro, publicado en 1995, se titula *Japan, the Ambiguous, and Myself*, y contiene el discurso que Oé pronunció con motivo del recibimiento del galardón de la Academia Sueca y otras dos conferencias ofrecidas también al público nórdico. La idea que despertó mi interés es lo que Oé llama «el maravilloso poder curativo del arte» y, en especial, su «deseo» explícito de que su trabajo como novelista «ayude a aquellos que se expresan por medio de palabras y a sus lectores a superar sus propios sufrimientos, y el sufrimiento de su tiempo, así como también a curar sus almas de sus heridas».

## 3

Siempre he sospechado de quienes le atribuyen a la literatura funciones de abanderar causas políticas, sociales o psicológicas. Aunque a veces yo mismo me he sorprendido alabando las virtudes subversivas de la escritura, lo cierto es que considero que la ficción es una forma de conocimiento del hombre y su mundo, una ruta misteriosa para penetrar en las apariencias y hurgar en lo que ahí se esconde. Y me parece que si el escritor quiere sumergirse en esas nuevas realidades agitando viejas banderas programáticas, difícilmente encontrará otra cosa que lo que ya esperaba encontrar. Escribir con el propósito de justificar una causa es despojar a la creación de una de sus virtudes cardinales: el misterio. ¿Cómo es posible, entonces, que yo me sintiera atraído por una idea como la de

Oé, que a primera vista pareciera asignarle a la literatura una misión terapéutica?

Cuando en la búsqueda de textos que me orientaran sobre mi eventual objeto de estudio en Japón leí el discurso de Oé en Estocolmo, me encontraba en un momento de perplejidad respecto de mi propio proceso creativo: acababa de descubrir que, si bien la constante de mis ficciones seguía siendo historias de seres desequilibrados en sociedades violentas, en las dos últimas novelas comenzaron a aparecer —sin que yo tuviera mucha conciencia de ello al escribirlas— personajes de una textura distinta, cuya relación con la vida no estaba regida por una actitud de violencia y rechazo, sino por cierta tolerancia y aceptación. Me preguntaba si no estaría entrando en una situación de crisis, de agotamiento del tema de la violencia debido a mi prolongado alejamiento de las sociedades centroamericanas que yo retrataba, cuando en esas sociedades el crimen continuaba rigiendo a los hombres. Fue en esa situación de perplejidad en que las ideas de Oé despertaron mi curiosidad y me llevaron a la conclusión de que ahí había una veta que explorar, un terreno desconocido en el que yo apenas había asomado la nariz, y que si en mis ficciones solo había violencia sin curación, era porque yo procedía de una sociedad en la que imperaban la violencia y la impunidad. La posibilidad de tratar de entender una literatura y una sociedad radicalmente distintas se convertía, pues, en una oportunidad y un privilegio.

Pero Oé es un escritor prolífico y vasto. Su bibliografía incluye, por lo menos, veintiséis títulos de ficción, de los cuales apenas una media docena está traducida al castellano y quizá el doble al inglés. Oé ha publicado también numerosos ensayos y textos autobiográficos, y la mayoría solo puede leerse en japonés. ¿Por dónde comenzar, entonces, si yo no leo japonés y mi estadía en Japón se limitaría a seis meses? La respuesta la encontré en el mismo libro de Oé, en una conferencia sobre la cultura japonesa que ofreció a una audiencia escandinava en 1992. Ahí se refiere a sus novelas *Un asunto personal* y *El grito silencioso* (1967): «Ahora que me acerco a los sesenta años de edad, cuando miro hacia atrás en mi carrera, me doy cuenta de que todo lo que he escrito ha sido, de una manera o de otra, una extrapolación de esas dos novelas que acabo de mencionar».

## 4

Kenzaburo Oé nació el 31 de enero de 1935 en Ose, una remota aldea montañosa en la isla de Shikoku, donde transcurrió su infancia y adolescencia. Varias generaciones de su familia habían residido en esa región; se dedicaban al procesamiento de cortezas de árbol que enviaban a Tokio para la producción de papel moneda. Sus experiencias en el bosque y su aprendizaje de las leyendas y mitos campesinos, gracias a los relatos de su abuela y de su madre, fueron determinantes en la formación del futuro escritor. Muchas de sus novelas suceden en la aldea o están hilvanadas alrededor del retorno a ella, a tal grado que se le ha llegado a comparar con la Yoknapatawpha de William Faulkner. Ambos autores tienen, al menos, algo en común: no ven la infancia como una época dorada —el paraíso perdido—, sino como un período ciertamente de aventuras, pero dominado por el descubrimiento del miedo, la crueldad, la traición y la estupidez humana.

Oé tenía nueve años cuando su padre murió en 1944. No encontré un dato biográfico fidedigno sobre las causas de su muerte, pero en *Rouse up O Young Men of the New Age!* (1983), K, el personaje principal detrás del cual se enmascara el autor, recuerda la muerte súbita de su padre: una mañana su madre le cuenta que a medianoche el padre había pegado un grito de rabia y que, acto seguido, había muerto. Eso sucede al año siguiente de que el gobernador de la prefectura y el jefe de la policía visitaran el taller de procesamiento de cortezas de su padre, como parte de una gira de las autoridades por la aldea para supervisar el esfuerzo de la guerra. En un momento, el jefe de la policía le habla de manera ofensiva al padre de K, quien por supuesto se traga la humillación, hasta que meses después esa humillación convertida en violencia interior explota en aullido y acaba con su vida. Gracias al recuerdo de ese evento, K descubre algo: «Mi desilusión como niño ante las autoridades del tiempo de la guerra, y la muerte de mi padre, y mi respuesta a la derrota de Japón eran una sola pieza, un solo contexto». Me parece que los escritores que en su infancia pierden a su progenitor, en especial de forma trágica o violenta, se ven marcados tanto en su vida como en su oficio por este hecho, aunque en el caso de Oé la circunstancia de ser el quinto de siete hermanos tal vez haya servido de atenuante.

En su proceso de educación, el escritor siguió la típica ruta del chico provinciano: pasó de la aldea a la ciudad provincial de Matsuyama, donde estudió el High School, y luego se trasladó a la capital del país, en la que ingresó en 1954 a estudiar Letras Francesas en la Universidad de Tokio. En varias entrevistas Oé se refiere al hecho de que sus compañeros universitarios siempre se burlaron de su acento provinciano o «periférico» (como a veces lo llama). Se graduó en 1958 con una tesis sobre Jean-Paul Sartre, a quien conoció en París tres años más tarde. Pero para entonces Oé ya era un joven escritor conducido sobre los pies alados de la diosa Fortuna.

Algunos escritores encuentran su vocación en la edad tardía, otros deben resistir un largo período de escritura y publicación antes de que su obra sea reconocida, los menos escriben genialidades que solo son descubiertas con asombro después de su muerte, pero hay un grupo selecto formado por aquellos que encuentran muy pronto vocación y fortuna, de quienes se dice que vienen «con buena estrella». Oé pertenece a este envidiable grupo de escritores precoces y de carrera fulgurante (en el ámbito latinoamericano, me recuerda a su contemporáneo Mario Vargas Llosa). Aún era un estudiante universitario de veintitrés años cuando ganó el prestigioso Premio Akutagawa –precisamente, con *La captura*–; ese mismo año publicó su primera novela, titulada *Arrancad las semillas, fusilad a los niños* (1958), que trata sobre un grupo de jóvenes de un reformatorio que son evacuados a una zona montañosa durante la Segunda Guerra Mundial, novela que convirtió a Oé –de la noche a la mañana– en una celebridad en Japón. De ahí en adelante su producción literaria y el reconocimiento de críticos y lectores fueron cada vez mayores hasta que, treinta y seis años más tarde, obtuvo el Premio Nobel.

## 5

Cada escritor tiene su propia fecha o período parteaguas, cuando cambia de rumbo o tira hacia adelante su vida y obra. El de Oé parecía ubicarse en los años 1960-1961, y exhalaba olor a política: visitó Beijing como parte de una delegación japonesa y conoció a Mao Tse-Tung; participó en las protestas callejeras contra la renovación del tratado militar entre Japón y Estados Unidos; viajó a Rusia y luego a París, donde no solo habría almorzado con su héroe Sartre, sino que lo habría acompañado –junto a Simone de Beauvoir– a una marcha de protesta contra la guerra de Argelia. Por si eso fuera poco, publicó las novelas cortas *Diecisiete* (1961) y *Un joven político muere* (1962) en las que recrea la mentalidad fascista de los militantes fanatizados por el culto al emperador, libros que le acarrearon amenazas de muerte tanto al editor como al mismo Oé, sobre todo *Un joven político muere*, basada en la historia real del asesinato del secretario general del Partido Socialista japonés en octubre de 1960, un texto proscrito que desde entonces nunca volvió a ser publicado ni incluido en las obras completas de Oé. En ese período, pues, el escritor exitoso se daba un baño de activismo político y radicalizaba el contenido de sus obras para convertirse en una encarnación de la idea sartreana del «compromiso».

Pero dicen que nadie es dueño de su destino y Oé no lo fue del suyo: la «vuelta de tuerca» o parteaguas le vino un par de años después y no desde lo político, sino desde otros rumbos. En febrero de 1960 el escritor se había casado con Yukari, hija del director de cine Mansaku Itami y hermana de un condiscípulo y mejor amigo de Oé en la High School de Matsuyama, Juzo Itami, quien también se convertiría en un renombrado director de cine. Yukari dio a luz al primogénito de la pareja en junio de 1963, pero el niño venía con un defecto genético que lo hacía parecer un pequeño monstruo con dos cabezas: su deformación era un insólito y enorme tumor que le sobresalía del cráneo. Los doctores dijeron que se podía operar, pero advirtieron que, si el bebé sobrevivía a la cirugía, lo más probable es que quedara en estado vegetativo o que fuera un discapacitado mental. No es difícil imaginar el shock que sufrió el joven escritor ambicioso ante el golpe con que lo castigaba la fortuna, el impacto demoledor que le hizo trizas el amor propio y cambió de rumbo su vida y su literatura. La profunda crisis personal y los intensos sentimientos encontrados en que se sumió fueron consignados por Oé en el relato «Agüi, el monstruo del cielo» y, principalmente, en la novela *Un asunto personal*, ambos publicados en 1964.

Oé es un escritor valiente. Las agallas que demostró al criticar en sus ficciones de principios de los sesenta el sistema imperial japonés y el nacionalismo criminal que puede engendrar, las tuvo una vez más a la hora de enfrentar literariamente la conmoción que sufrió con el nacimiento de su hijo. Para un escritor joven y ambicioso, la perspectiva de la paternidad en sí misma puede ser siniestra, en cuanto se transforma en una esclavitud doméstica que impide la plena realización del oficio. En tal circunstancia, la ilusión del escape es permanente. Pero si la criatura nace con una tara que hará de ella un ser discapacitado, las cosas se complican hasta el extremo y las emociones pueden alcanzar lo macabro: surge la tentación del crimen, el plan para acabar con la vida del ser que arruinará nuestra existencia. Ese es el pantano en el que Oé se sumergió.

6

La historia tiene sus orígenes en el viejo mito: Layo manda a matar a su hijo recién nacido Edipo, porque este, según le ha revelado el oráculo, lo asesinará cuando crezca; el niño sobrevive y, en efecto, al paso de los años mata a su padre. En el relato «Agüi, el monstruo del cielo», un famoso compositor musical, a quien solo se llama D, tiene su primer hijo, el que nace con una protuberancia en el cráneo que lo hace parecer con dos cabezas. D decide que él y su mujer deben salvarse de la «catástrofe» en que se convertirán sus vidas si la criatura sobrevive y, en contubernio con el médico, deja morir al niño, dándole agua azucarada en vez de leche, sin informar de ello a su esposa, quien se encuentra convaleciente. Luego de la autopsia, sin embargo, se descubre que el tumor del niño era benigno. Enseguida el compositor empieza a sufrir alucinaciones y, cada vez que se encuentra al aire libre, se le aparece en el cielo un monstruo gigantesco al que llama Agüi, el fantasma del niño, con el que establece comunicación. La historia es contada por un joven contratado para acompañar a D cuando este sale a la calle y quien descubre el origen de la perturbación gracias a la exesposa y madre de la víctima: ella sostiene que las alucinaciones del compositor se deben a que perdió el coraje necesario para mantener su egoísmo y le explica que «una vez que tus manos se han ensangrentado con el asesinato de un bebé, tú no puedes tenerlas limpias de nuevo solo porque huyes de la realidad». Al final del relato, D muere atropellado en el centro de Tokio, cuando se tira a la calle como si tratara de salvar a Agüi. «Eso fue un suicidio», comenta un transeúnte. El ciclo se ha cerrado: así como Edipo acabó con la vida de Layo, Agüi acaba con la de D. Pero aquí la némesis es el fantasma de la culpa.

Si la necedad del sabueso, tal como la llamaba Canetti, es atributo de todo gran escritor, Oé no carece de ella. «Agüi, el monstruo del cielo» había sido un acercamiento corto, lateral, hasta un poco juguetón, al tema que lo obsesionaba en esos momentos –la culpa por haber deseado la muerte de su hijo–, pero el escritor era consciente de que aún no tocaba fondo: el ajuste de cuentas consigo mismo en ese relato no reflejaba todas las dimensiones de lo que estaba experimentando. Insistió de nuevo en el tema, y ahora tomaría al toro por los cuernos, le daría una voltereta a la tragedia, lo que significaba romper la tentación del crimen escapista en la ficción tal como la había roto en la vida, reflejar su experiencia esencial que era la aceptación de la criatura discapacitada con todo lo que esto conllevaba. Entonces, seguramente, escribió *Un asunto personal*.

# 7

Al personaje le apodan Bird, tiene veintisiete años y es profesor en una academia preuniversitaria. La novela arranca cuando Bird, desasosegado porque su mujer está a punto de dar a luz en una clínica, entra a una agencia de turismo a comprar mapas de África. Sueña con viajar a ese continente, pero piensa que «el viaje a África será imposible si cuando nazca el bebé me encierro en la jaula que significa una familia». Aunque ya está adentro y lo sabe: «Desde que me casé he estado en la jaula, pero hasta ahora me pareció que la puerta permanecía abierta». Sale de la agencia. Vagabundea por Tokio. Una extraña mujer lo aborda en la calle; resulta ser un travesti. Se mete a una tienda para llamar a la clínica: responde su suegra, le dice que el niño aún no nace. Compite con una pandilla de gamberros que juegan *pinball* en la tienda, luego se lían a golpes. Regresa a casa con un diente menos. La llamada entra en la madrugada, cuando él duerme. Una voz lo urge a que vaya de inmediato a la clínica: «Hay ciertas anomalías con el bebé», le dice. Monta su bicicleta y pedalea bajo la lluvia. «¿Quiere usted ver la cosa?», le pregunta el doctor que lo recibe. El bebé parece tener dos cabezas: es un tumor o hernia cerebral, le explica el ginecólogo, como «avergonzado por haberlo traído al mundo». Le dicen que la criatura debe ser trasladada al Hospital Universitario para que la operen. A partir de ese momento, pareciera que nadie quiere que el bebé sobreviva. El director de la clínica le sugiere: «Usted puede negarse a que lo operen, si así lo prefiere»; el obstetra que lo acompaña en la ambulancia rumbo al hospital le dice que espera «poder presenciar la autopsia» y luego afirma con descarno: «Si se me permite ser sincero, creo que el bebé estará mejor muerto, y lo mismo le ocurrirá a usted y a su mujer. Algunas personas son extrañamente optimistas en este tipo de casos, pero créame, cuanto antes muera el niño mejor para todos». Bird siente rabia, vergüenza, y solo acierta a pensar: «Mi hijo tiene la cabeza vendada como Apollinaire cuando fue herido en el campo de batalla». En el Hospital Universitario, el médico de turno expresa sus dudas de que el crío resista hasta el siguiente día. Bird regresa a casa con la sensación de que el bebé se aleja a toda velocidad; experimenta una mezcla de alivio culpable y temor infinito, y se consuela: «Muy pronto lo olvidaré por completo». Entrado el día visita a su suegro, un respetable profesor universitario, a quien le cuenta de la hernia cerebral y que lo más seguro es que el bebé muera; el profesor le regala una botella de whisky. Entonces Bird se dirige donde una vieja amiga y amante, Himiko, en cuya casa permanecerá esos días en espera de la llamada del hospital anunciando la muerte de la criatura, mientras se emborracha y fornica.

Al día siguiente, va a la universidad a dar su clase, sufre una resaca horrible, vomita a media clase en el salón y se retira avergonzado. Enseguida se dirige al hospital. Una enfermera le anuncia que el bebé está fuerte y sano. Bird descubre que «había apostado por la muerte de la criatura» y ahora se siente atacado por ella. Con vergüenza reconoce que él es «el gran enemigo de su bebé, el primer enemigo que tenía en la vida, el peor». Y crece en su interior «una pregunta de extrema bajeza»: ¿qué significaría para él y su esposa pasar el resto de sus vidas prisioneros de un ser casi vegetal, de un niño monstruoso? Y se responde: «Tengo que librarme de él». Entonces aparece el médico zafio que, observando a Bird con desprecio, le dice: «Procuraremos regularle la leche. O darle una mezcla de agua con azúcar (...). Pero si ni siquiera así se debilita no tendremos otra opción que operar». Bird abandona el hospital «como si saliera de la escena de un crimen». Regresa a donde Himiko a pasar la noche fornicando y bebiendo, a hacer planes de escapar juntos a África. Sigue esperando la llamada que anuncie la muerte del bebé, pero no lo abandonan los ataques de vergüenza.

A la mañana siguiente, va a la clínica a visitar a su esposa, quien no ha visto a la criatura ni sabe nada sobre su estado. Bird le miente: «Hay un órgano defectuoso», le dice, sin darle mayores detalles. Habla tras bambalinas con su suegra; ella también desea la muerte del bebé: «¿No puedes hacer que se solucione más rápido? Si mi hija llegase a verlo se volvería loca», le dice cuando Bird le cuenta que le están reduciendo la leche. La lógica de la suegra es impecable: «Si mi pequeña se enterase no querría tener más bebés. ¿Lo entiendes, Bird?». Él piensa: «Somos un hato de canallas, una despreciable liga de defensores de nosotros mismos». Pasa luego al hospital y el médico le dice que el bebé se ha debilitado, pero aún vive. Transcurre la tarde y la noche donde Himiko, en espera de la llamada.

Al siguiente día, renuncia a su empleo en la academia, pues un alumno lo ha denunciado por vomitar en clase a causa de la resaca. Regresa a casa de Himiko; su sistema nervioso está al límite. Pasa la tarde y la noche con ella. Beben, fornican, hacen planes; él tiene sueños culposos con el bebé. Y la llamada no llega. A la mañana vuelve al hospital. «La crisis debería producirse entre hoy y mañana», le dice el médico zafio. Bird descubre que las orejas del bebé son idénticas a las suyas y que tiene la misma forma de frotárselas. Después se encuentra con un amigo diplomático de un país balcánico, a quien le cuenta su drama. El diplomático le recuerda: «Kafka, ya sabe, le escribió a su padre que lo único que puede hacer un padre por su hijo es acogerlo con satisfacción cuando llega. Usted, en cambio, parece rechazarlo». Regresa a casa de Himiko con más culpa.

Sucede a la medianoche, una semana después de que el bebé ha nacido, mientras hace el amor con Himiko: el teléfono suena y una voz le dice que debe llegar al hospital a las once de la mañana del día siguiente a la cátedra de cirugía cerebral. El bebé ha muerto y proyectan practicarle la autopsia, piensa Bird. Pero se ha equivocado. En la oficina del director adjunto, el cirujano de cerebro le dice que podrán operar si el bebé se fortalece un poco más. Bird palidece. «¡No cedas! —se ordena a sí mismo—. Debes resistirte a estos bastardos, protegerte de esa monstruosidad, no permitas que el bebé irrumpa en tu mundo como un ejército de ocupación.» Bird pierde toda vergüenza y les dice que es preferible que no lo operen, que él pasará a recogerlo en la tarde. Habla con Himiko; no sabe qué hacer con el bebé. Ella conoce a un médico abortista que puede encargarse de que muera. Pasan por la criatura en el auto descapotable de ella. Llueve y hay viento; cae la noche. Se pierden en las callejuelas en busca del consultorio del abortista; la escena es fantasmagórica. Cuando finalmente llegan, el médico les dice que el bebé ha cogido una pulmonía. Lo dejan ahí. Exhaustos, van a beber copas a un bar regentado por un homosexual que resulta ser un viejo amigo al que Bird conoció muchos años atrás. «Parece como si huyeras de algo que te aterroriza», le dice el viejo amigo. Bird bebe su primer whisky y, en el acto, vomita; sufre su crisis de conciencia. Se pregunta qué cosa intenta defender del peligro que representa el bebé monstruoso, qué ha visto de valioso en su propio interior para defender con tanto ahínco. La respuesta que halla lo deja estupefacto: «Nada, menos que nada». En ese momento, decide llevar a la criatura de nuevo al hospital para que la operen.

«He dejado al bebé en manos de ese carnicero abortista y he escapado. He estado huyendo todo el tiempo, huyendo y huyendo. He imaginado África como el final de toda la fuga», se reprocha ante Himiko y el homosexual. Y agrega: «Si quiero enfrentar mi responsabilidad, sólo tengo dos caminos: o lo estrangulo con mis propias manos o lo acepto y lo crío. Lo sé desde el principio, pero no he tenido valor para aceptarlo». Antes de salir a tomar un taxi para ir a recoger al bebé, les dice: «Lo único que deseo es dejar de ser alguien que huye de toda la responsabilidad». Himiko lo ve salir, descorazonada.

La novela cierra con un epílogo o final feliz, meses después, cuando Bird —junto a su mujer y sus suegros— recoge al bebé que ha sido operado exitosamente. El suegro felicita a Bird. Y este sentencia: «Intenté zafarme varias veces. Y casi lo logro. Pero parecía que la realidad lo obligara a uno a vivir adecuadamente cuando se es parte del mundo real».

## 8

Aunque Oé es un escritor que ha expresado su preferencia por escribir en primera persona, *Un asunto personal* está escrita en tercera, desde el punto de vista de Bird. Parece que el escritor necesitaba poner una pequeña distancia entre la voz narrativa y el personaje, quizá porque las vivencias personales en las que se basa la novela eran demasiado recientes. Es un seguimiento en corto gracias al cual logra reflejar la extrema lucha interior que padece Bird, sus contradicciones profundas, el pozo de iniquidad del que brega por salir. Las conversaciones con Himiko y el debate interior en que se sumerge Bird son de tal intensidad que afectan la percepción del tiempo en la novela por parte del lector. Al menos eso me sucedió a mí en la primera lectura de la obra: creí que la trama se desarrollaba a lo sumo en tres días cuando, en realidad, sucede a lo largo de una semana. Más que la agitación exterior, lo que percibimos es la agonía en la conciencia del protagonista. Se trata, por supuesto, de un conflicto esencialmente ético y moral. El deseo de matar a su hijo no solo es expresión del egoísmo extremo, del amor propio herido por la posibilidad de quedar esclavizado a una descendencia tarada, sino que también genera una inusitada violencia interior. Bird padece asco de sí mismo por lo que es capaz de desear y por lo que se dispone a hacer —por eso vomita—: su carácter no está hecho para el crimen y comprende que no podrá resistir la vergüenza. Yo hubiera querido escribir «la culpa», pero la palabra que más se repite durante los debates internos de Bird es *vergüenza*, tal vez porque su conflicto no se produce en el marco de una religiosidad ni se invoca a Dios. Decide aceptar al bebé para dejar de huir y asumir sus responsabilidades; no se trata de un gesto de compasión hacia la vida del recién nacido que está a punto de eliminar. La conversión no procede de un imperativo moral, sino de una nueva forma de amor propio. Kikuhiko, el barman homosexual y viejo amigo de Bird, lo resume de forma impecable cuando Himiko explota porque Bird abandona el plan de viajar a África y se dispone a salvar el bebé: «¡Por Dios, Himi! Contrólate. Una vez que Bird empieza a preocuparse por sí mismo ya no oye a nadie más».

Cuando *Un asunto personal* fue publicada, algunos críticos expresaron su descontento por el final, no solo porque el proceso de toma de conciencia de Bird en el bar pareciera abrupto y poco verosímil, sino, en especial, porque el epílogo de final feliz —en el que el personaje asume sus responsabilidades y es felicitado por su suegro— sería más propio de una película de Hollywood que de una obra que se plantea el desafío de bucear en las profundidades de la conciencia humana. El mismo Mishima habría criticado públicamente el final de la obra. Los editores estadounidenses querían eliminar ese epílogo, a lo que Oé se opuso de forma terminante. No es arriesgado afirmar que sin ese final feliz —si el texto hubiera finalizado cuando Bird decide ir a recoger al bebé para llevarlo al hospital— la novela habría ganado en calidad literaria, gracias a la sugerencia y la contención. ¿Por qué Oé, quien pese a su juventud ya era un escritor experimentado, decidió preservar el cierre con moraleja?

## 9

Semanas después de que naciera su hijo, Oé recibió una propuesta de la revista mensual *Sekai* para viajar a Hiroshima para escribir una serie de reportajes sobre la Novena Conferencia Mundial contra las Armas Atómicas, que tendría lugar en el marco de la conmemoración del decimoctavo aniversario del lanzamiento de la bomba atómica sobre esa ciudad. Esa conferencia había generado muchas expectativas en la prensa y la comunidad internacional, a causa de las hondas divisiones dentro del movimiento pacifista, en especial entre el grupo prosoviético y los que estaban en contra de todo armamento atómico. Esa primera estadía de Oé en Hiroshima —a principios de agosto de 1963— marcó el inicio de una serie de viajes que culminarían en enero de 1965 y a partir de los cuales fue escribiendo ensayos que publicaba en *Sekai* y que luego recopilaría en el libro *Hiroshima Notes* (1965). Si bien en su primer ensayo Oé incursionó en los debates que afectaban al movimiento pacifista, pronto se desprendió de la politiquería y descubrió el filón que lo llevaría a regresar una y otra vez a Hiroshima y a escribir esa colección de ensayos:

los sobrevivientes del bombardeo atómico. Solo habían transcurrido dieciocho años del hecho y las huellas estaban frescas. Oé visitó el hospital donde atendían a las víctimas, entrevistó a varias de ellas, recogió testimonios, pero sobre todo conoció y se hizo amigo del director del hospital, Fumio Shigeto. El doctor Shigeto estaba en Hiroshima como director de la Cruz Roja en el momento del bombardeo, atendió a los primeros sobrevivientes y fue de los que enseguida descubrió —gracias a sus conocimientos de radiología— que lo que había explotado esa mañana era ni más menos que una bomba atómica. Para Oé, él fue una especie de Virgilio que lo condujo por el infierno cotidiano que padecían los afectados por la radiación atómica, pero también le permitió conocer las virtudes de esas personas cuya existencia estaba signada por el sufrimiento extremo y la muerte inminente. Las historias que escuchó el escritor eran aterradoras, los casos a los que tuvo acceso le permitieron comprender que, luego de dieciocho años, la gente seguía muriendo tras padecimientos espantosos, que las consecuencias del bombardeo atómico iban más allá de lo conocido y lo imaginado. Pero hubo algo más en esas víctimas que sacudió a Oé, que le abrió otra dimensión de la vida: lo que él llama «la dignidad humana».

Dice Oé que en Hiroshima se enteró y fue testigo de «cosas relacionadas con la peor clase de humillación», pero también por primera vez vio allí «a la gente más digna del Japón», personas a las que «su sentido de la vergüenza le da sustancia a su sentido de la dignidad»; seres que, pese al dolor causado por las secuelas de la radiación, «no se autocompadecen» sino que más bien «toman la miseria infligida sobre ellos por la bomba atómica y la convierten de algo pasivo en una fuerza activa», de tal forma que «utilizan su vergüenza y su humillación como formas de lucha en el movimiento contra las armas nucleares». Los relatos de resistencia ante el padecimiento son conmovedores. Las víctimas sobrevivientes «poseen poderes únicos de observación y expresión relacionados con lo que significa ser humano», pues «entienden de forma muy concreta palabras como coraje, esperanza, sinceridad e incluso "muerte miserable"», escribe Oé. Los considera «intérpretes de la naturaleza humana», unos modernos «moralistas», quienes gracias a un «extraordinario espíritu de autocontención nunca se rindieron a la desesperación». Y recuerda que «las jóvenes desfiguradas que resistían bajo el caliente sol mientras permanecían en el estrado de la Conferencia Mundial, eran personas que experimentaron una conversión tremenda que hizo posible para ellas admitir abiertamente su condición».

No obstante, las historias de suicidio entre esas mismas jóvenes –que eran bebés durante el holocausto y que de pronto se descubrían víctimas de extrañas enfermedades a causa de la radiación– también conmovieron al escritor: «Cada vez que oigo semejantes historias, yo siento que somos afortunados de que nuestro país no sea cristiano. Siento casi un completo alivio de que un dogmático sentido cristiano de la culpa no le impida a esa chica acabar con su propia vida. Ninguno de nosotros como sobrevivientes puede moralmente culparla. Sólo tenemos la libertad de recordar la existencia de personas que no se suicidan pese a todas las miserias». Y más adelante, como una declaración de principios, afirma: «Mi sentimiento personal acerca de mí mismo es que yo, como japonés, podría ser la clase de persona que, si se descubre atacada por el cáncer, me ahorcaría sin ningún sentido de culpa o miedo al infierno».

Oé considera que Hiroshima es la máxima expresión del mal que pervierte al espíritu del hombre y también la más depurada condensación de la maldad absoluta que significa la guerra. La experiencia de Hiroshima y la miseria humana que produjo «exceden en mucho» a la de Auschwitz, aunque sea menos conocida y difundida –asegura–, y aprovecha para manifestar sus sospechas sobre cierto tipo de «confianza en la fuerza humana» o de «humanismo» que cruzó la mente de los intelectuales estadounidenses que decidieron sobre el proyecto que culminó con el lanzamiento de la bomba atómica sobre Hiroshima. Refiriéndose a esos intelectuales, recuerda Oé, los sobrevivientes «no han hecho un esfuerzo especial para hacerlos tomar conciencia de la cosa horrible que perpetraron». Y cita a una anciana de ochenta y dos años, cuyo esposo desapareció con el luzazo de la explosión, y que aún le cuenta la «historia del flash» a su nieto: «Era como el infierno: una procesión de fantasmas, un mar de llamas. Pero yo no vi al diablo. Entonces pensé que algo estaba sucediendo sobre la tierra… Una bomba atómica no cae del cielo por sí sola; alguien tuvo que lanzarla».

## 10

Cuando en un ensayo publicado luego de uno de sus viajes a Hiroshima, en octubre de 1964, Oé afirma que ha «aprendido una forma segura» de protegerse del sentimiento de vergüenza y humillación, «y que esa forma es esforzarme para nunca perder de vista la dignidad de la gente en Hiroshima», no estaba apelando a una retórica voluntarista, ni tampoco lo hacía cuando al final del libro afirma que «Hiroshima se ha convertido, en verdad, en el factor que con más peso ha influenciado mi pensamiento». Puedo imaginar a Oé como un escritor que vive y trabaja en tres frentes: la angustiosa relación con el bebé recién operado de la hernia cerebral; la desgarrante escritura de las ficciones que se basan, precisamente, en esa experiencia; y la confrontación con la contundente realidad que significó Hiroshima. Tres frentes abiertos casi al mismo tiempo, con túneles y zanjas que los intercomunican, cada uno con enemigos particulares y con su propia batalla, pero los tres con la misma importancia estratégica, porque la derrota en uno afectaría a los otros. Gracias a la tragedia personal que le parte la existencia —el nacimiento de su primogénito «monstruoso»—, Oé tiene la capacidad de comprender a las víctimas deformadas y marcadas de por vida a causa de las radiaciones atómicas; gracias a la dignidad y el espíritu de resistencia ante la desesperación que muestran esos sobrevivientes, el escritor puede hacer frente a su propio drama y ubicarlo en una justa dimensión; gracias al poder frente a su drama, Oé es capaz de escribir *Un asunto personal* e iniciar el ciclo de su obra en el cual la relación con su hijo discapacitado será el eje que articulará su fuerza creativa. Por eso resultaba tan importante para él sostener aquel final feliz de la novela a costa de los criterios estéticos que le exigían lo contrario; ese final feliz era innegociable: representaba el fundamento ético y moral de la metamorfosis del escritor, la piedra angular de la etapa creativa y vital, cuya construcción recién había iniciado.

En un prefacio a una nueva edición de *Hiroshima Notes* fechada en 1995, Oé se refiere a la creencia de que «unos pocos días pueden en verdad determinar la vida completa de uno» y concluye que su experiencia le ha llevado a creer en ese «mito». Hiroshima —dice— «produjo los puntos de vista sobre los seres humanos, la sociedad y el mundo que subsecuentemente formaron mi literatura. Sin esa experiencia transformadora de aquel verano, mi trabajo literario y mi vida personal nunca hubieran evolucionado como lo hicieron». Pero los «pocos días» que cambiaron a Oé son los dos meses que corren del nacimiento de Hikari (en junio) a la visita a Hiroshima (en agosto). El parteaguas es doble: sin el nacimiento de Hikari quizá el escritor no se hubiera involucrado de la misma forma en Hiroshima y sin este involucramiento esencial no hubiera podido transformar la miseria que le infligía el destino —con el nacimiento de un hijo discapacitado— en una fuerza activa generatriz de creación y vida. Hikari e Hiroshima son dos caras de la misma moneda, o la entrada y salida del mismo túnel. En el libro *A Healing Family*, también publicado en 1995, Oé se pregunta qué lo condujo en ese terrible momento de su vida —cuando recién nacía su hijo y a sabiendas de su completa ignorancia de las complejidades de un movimiento político a gran escala– a aceptar la tarea de ir a cubrir la Novena Conferencia Mundial contra las Armas Atómicas para la revista *Sekai*. Su respuesta no deja lugar a dudas: «El intenso sentimiento de que el problema de mi niño terminaría sofocándome si yo no conseguía salir a una arena más grande».

## 11

Clasificar en compartimientos la obra de un escritor tan prolífico como Oé es difícil, y esta tarea se vuelve más arriesgada porque se trata de un autor vivo que aún produce ficciones a un ritmo impresionante. Sin embargo, una mínima hoja de ruta es posible. A los estudiosos que han profundizado en su obra les gusta marcar al menos tres ciclos definidos. El primero, de 1957 a 1963, en el que los personajes casi siempre son controvertidos antihéroes juveniles que se mueven en los márgenes de la sociedad y cuyas aventuras están coloreadas por la política y el sexo; se trata de obras influenciadas por una visión que va de la picaresca al existencialismo entonces en boga; del aventurismo tipo Huckleberry Finn, pasando por la seriedad sartreana, hasta la provocación emparentada con Norman Mailer. El segundo ciclo –que arranca en 1964 y que se prolongaría hasta el recibimiento del Premio Nobel, treinta años después– incluye todas las obras que recrean el nacimiento, desarrollo, juventud y entrada a la vida adulta de su hijo Hikari, y la influencia de él en la familia y en la comunidad. Luego de recibir el galardón en Estocolmo, Oé dijo que no escribiría más ficción y, en efecto, se abstuvo durante tres años, en los cuales se dedicó a dar clases en universidades estadounidenses. Pero pronto volvió a las andadas. Un tercer ciclo, aún abierto, habría arrancado en 1999 con la publicación de *Salto mortal*, y ha producido hasta ahora al menos una trilogía en la que aborda temas como las sectas mesiánicas, el terrorismo nuclear, la destrucción del medio ambiente y el conflicto entre tradición y posmodernidad. A medio camino de estos ciclos está *El grito silencioso*, la novela que la resolución de la Academia Sueca calificó como su obra maestra y que el mismo Oé consideró, en una entrevista en *Paris Review*, su novela «más lograda».

Ciertamente resulta impresionante el salto cualitativo que el escritor pudo dar en dos años: pasar de un argumento lineal y sencillo −como el de *Un asunto personal*− a una trama compleja e intrincada −como la de *El grito silencioso*−, en la que maneja distintos temas, planos y tiempos históricos de manera simultánea. La principal línea argumental cuenta la historia de los hermanos Mitsusaburo (Mitsu) y Takashi (Taka) Nedokoro, quienes viajan a su aldea natal con el propósito de vender la vieja casona familiar a un empresario coreano conocido como el Emperador de los Supermercados; la segunda línea argumental sucede cien años antes, en 1860, durante una revuelta campesina en esa misma aldea en la que habrían participado, en bandos confrontados, el bisabuelo y el hermano menor del bisabuelo de los protagonistas. Otra línea narrativa tiene lugar en 1945, al final de la Segunda Guerra Mundial, cuando un hermano mayor de Mitsu y Taka, recién desmovilizado y solo conocido como S, es asesinado en la aldea por un grupo de coreanos. Y hay otras historias secundarias que sirven como andamiaje de la obra y que resultan vitales para entender todo el fresco en su complejidad.

La historia es contada en primera persona por Mitsusaburo y arranca cuando sale en la madrugada, aún en pijama, a meterse en una fosa o pozo abierto en el patio de su casa, donde permanecerá acurrucado hasta el amanecer. Mitsu sufre un estado de extrema perturbación emocional: su mejor amigo acaba de suicidarse, su mujer se ha convertido en alcohólica y su hijo ha nacido con una hernia cerebral y está internado en un hospital. Dentro de la fosa, recuerda los sucesos que culminaron con el suicidio de su amigo, la primera vez que encontró a su mujer borracha luego del nacimiento de su hijo y el encuentro entre su amigo muerto y su hermano menor Taka unos meses atrás en Nueva York. La siguiente escena se produce en una habitación de hotel en el aeropuerto de Haneda, donde Mitsu y su mujer, Natsumiko, esperan el avión que traerá a Taka desde Estados Unidos a Tokio. En esa habitación de hotel comienza la evocación y el debate sobre la otra historia, sucedida cien años atrás, cuando el bisabuelo y su hermano menor protagonizaron la revuelta campesina. De ahí adelante, la historia y los protagonistas se mueven hacia la aldea montañosa de la isla de Shikoku donde está la casona familiar.

Si bien la novela es narrada por Mitsu, el personaje central generador de la acción es su hermano menor. Impulsivo, mesiánico, desequilibrado, voluble, autodestructivo y extremista, Takashi es un personaje fascinante —o repugnante— por la intensidad de sus actos. Participa en las marchas de protesta contra la renovación del Tratado de Seguridad entre Japón y Estados Unidos en junio de 1960, pero luego se incorpora a un grupo de teatro de «arrepentidos» que realiza una gira por Estados Unidos con la representación de la obra titulada *Nuestra vergüenza*, en una especie de «visita de desagravio» por la realización de las protestas. Una vez en territorio estadounidense, Takashi se sumerge en los bajos fondos de las ciudades que visita, se relaciona con una prostituta negra que le contagia la gonorrea, abandona el grupo de teatro y vive su aventura americana, en la que conoce al Emperador de los Supermercados, un coreano que procede de la misma aldea que la familia Nedokoro y expresa interés en comprar la propiedad de esta. De regreso en Tokio, Takashi convence a su hermano de viajar a la aldea para vender la casona familiar que permanece prácticamente abandonada. Pero Takashi tiene sed, y también vocación, de liderazgo: una pareja de jóvenes, Hoshio y Momoko, lo acompaña con la reverencia del acólito desde el aeropuerto hasta la aldea. Y al llegar a esta, muy pronto se convierte en líder del grupo de jóvenes del valle, a quienes organiza y entrena en un equipo de fútbol, y convence de iniciar una revuelta contra el Emperador de los Supermercados, el mismo a quien recién ha vendido la propiedad familiar. Con esa revuelta, Takashi quiere emular al hermano menor de su bisabuelo, quien cien años antes dirigió la revuelta campesina contra los propietarios de la zona, incluido el propio bisabuelo. En medio del frenesí de la revuelta, Takashi ejerce su temperamento agresivo: castiga con violencia a uno de los jóvenes, involucra por fuerza a los pobladores en el saqueo del supermercado, se acuesta con su cuñada Natsumiko (la mujer de Mitsu) y termina propiciando la muerte de una chica a la que asegura que quiso violar. La revuelta fracasa. Y Takashi se suicida.

Oé es un escritor muy cerebral, que trabaja con arquetipos a los que, a través de una intensa reescritura —según ha explicado en varias entrevistas—, lleva a un alto grado de condensación. Takashi encarna un arquetipo de hombre violento; no solo es el principal agente de violencia en la novela, sino que representa al hombre de acción que carece de principios: se rige por impulsos y no tiene sentido de la lealtad ni de la traición. Parece poseído por una energía malévola que lo conduce a la transgresión. Sus víctimas son aquellos que lo circundan: primero, su hermano Mitsu, al que estafa con el dinero de la venta de la casa y contra quien comete adulterio; segundo, el grupo de jóvenes que lo siguen como su líder, a los que maltrata y humilla; tercero, el coreano Emperador de los Supermercados, contra quien organiza la revuelta; cuarto, los pobladores de la aldea a los que hace partícipes de una «vergüenza colectiva» por haber robado en el supermercado; y, por último, contra sí mismo cuando, luego de asumirse como asesino de una chica que quizá murió accidentalmente, decide suicidarse.

¿De dónde procede la violencia de Taka? ¿Cuáles son los orígenes de su agresividad? ¿Qué nos quiere decir el escritor?

# 12

Oé apunta sus baterías contra la mitificación de la historia: nos dice que la historia como mito −como idealización de la realidad− conduce a la violencia cuando se revuelve en la mente de un exaltado como Taka, quien la tergiversa a su antojo a fin de justificar sus impulsos. Es la mitificación de la revuelta campesina de 1860, y en especial del papel que jugaron en ella su bisabuelo y su hermano menor, la que le sirve a Takashi de excusa para lanzarse a su aventura. Pero Oé es un excelente tejedor de tramas: al principio de la obra ni el lector ni los personajes sabemos lo que en verdad sucedió en aquella revuelta. Su forma de dosificar la información tiene un dejo a novela de misterio. Al inicio, Taka cree que el bisabuelo mató a su hermano menor para acabar con la revuelta; sin embargo, Mitsu lo rectifica y explica que, luego de la derrota de esta, el hermano menor del bisabuelo huyó hacia Kochi, desde donde se dirigió por mar a Tokio, «y allí se cambió de nombre y prosperó». Capítulos más adelante, el monje y el historiador de la aldea dan sus respectivas versiones de la revuelta de 1860, y agregan detalles a lo ya dicho por Mitsu: una vez derrotados, los revoltosos se encerraron a resistir en un almacén en la propiedad de los Nedokoro, donde finalmente fueron sometidos y ejecutados, con excepción del hermano menor del bisabuelo, quien logró escapar por el bosque. La versión del monje dice que una especie de agente secreto habría ido de Kochi a convencer al bisabuelo y a su hermano menor para que organizaran la revuelta, lo que en efecto hicieron, pero el bisabuelo se echó para atrás y terminó entregando a los revoltosos. Más adelante, el monje encuentra unas cartas −sin lugar de remisión, aunque parecen haber sido escritas en Tokio− que el hermano menor del bisabuelo habría enviado a este, lo que viene a confirmar la historia del escape y quizá traición. Mitsu sostiene que Taka organiza a los jóvenes en el equipo de fútbol para luego lanzarlos a la revuelta contra el Emperador de los Supermercados, porque se siente avergonzado por los sucesos acaecidos cien años atrás «y quiere hacer algo como desagravio». También recuerda que desde que eran niños «había tenido que enfrentarme a la tendencia de mi hermano de atribuir un aura de rebeldía heroica al hermano menor del bisabuelo». La mitificación de la historia familiar conduce a la mitificación de la historia política, y esta a la repetición de la tragedia como farsa, tal como afirmaba Marx que le faltó decir a Engels. La revuelta campesina extendida por toda la provincia de Ehie en 1860, como preludio de la restauración Meiji, se convierte cien años después en el saqueo de un supermercado por una banda de jóvenes marginales que involucran a la población en el hecho. La identificación de Taka con su antecesor es tal que el propio Mitsu, que no comparte los delirios de reparación histórica de aquel, tiene un sueño en que su hermano «se había transformado en el hermano menor del bisabuelo» y más tarde, cuando en plena intoxicación de poder Taka sale desnudo y con una erección a correr por la nieve, Mitsu reflexiona: «El tiempo era intemporal: el Takashi que corría desnudo era el hermano menor del bisabuelo a la vez que mi hermano menor. Todos los instantes de un siglo se agolpaban en aquel instante».

Pero —cuidado— los personajes de Oé son densos, cubiertos por muchas capas. Taka no es un simple mesiánico infectado por la historia. Su visión de las cosas es retorcida y llena de meandros. Si bien acepta que quiere «revivir la revuelta de nuestros antepasados de hace un siglo», no se hace ilusiones sobre los resultados, sobre la posibilidad de lograr el desagravio. Su fin suena lúdico, epicúreo: «Aunque estalle una nueva revuelta en el valle puede que no persiga ningún fin, pero, por lo menos, podré sentir con el mayor realismo posible la evolución espiritual del hermano del bisabuelo», dice. Y más adelante explica: «El saqueo del supermercado en sí no puede considerarse un levantamiento. Apenas es una tormenta en un vaso de agua, Mitsu, y eso lo saben perfectamente todos los que han tomado parte en él. Pero, por el hecho de haber participado, han retrocedido un siglo de un salto y experimentan la misma emoción que quienes intervinieron en el levantamiento de Man'en. Se trata de una revuelta de la imaginación». Si en 1860 el origen social de la revuelta era acabar con ciertos impuestos que afectaban a los productores de la región, cien años después no hay razón social, ni siquiera terminar con el monopolio que ejerce el Emperador de los Supermercados, sino la retórica de un líder que se defiende tras distintas máscaras, agita viejas banderas y persigue fines personales.

Una de esas banderas es el nacionalismo anticoreano. En el clímax de la revuelta, Taka sostiene que el factor más importante y fundamental que cohesiona a sus seguidores es el hecho de que el Emperador de los Supermercados es coreano, la memoria de que él «vino a hacer trabajos forzados como leñador y se ha enriquecido» les ha devuelto el ánimo, porque «han recordado los tiempos felices de su superioridad sobre los coreanos, antes de la guerra y durante la contienda», y este recuerdo los ha emborrachado. Taka comparte el sentimiento anticoreano, fruto no solo del oportunismo y la demagogia de que hace gala, sino también de otra mitificación de la historia: la reinvención de los sucesos acaecidos en la aldea al final de la Segunda Guerra Mundial, cuando un grupo de jóvenes coreanos recién liberados de los trabajos forzados se enfrentaron a un grupo de jóvenes japoneses desmovilizados del ejército imperial, enfrentamientos que culminan con la trágica muerte de S, hermano mayor de Mitsu y Taka. Este evoca los hechos de una manera falseada, que nada tiene que ver con la realidad, sino con la fantasía y la mentira necesarias para justificar su deseo de revancha, la violencia que lo desasosiega. Mitsu lo desmiente, le recuerda que él apenas era un crío y que ni siquiera presenció los hechos, como sí lo hizo Mitsu, quien recogió el cadáver de S luego de los enfrentamientos. De nuevo Oé apunta a la interrelación entre la mitificación de las historias personal, familiar, social y política. El nacionalismo, como cualquier ideología en manos de un desequilibrado con vocación de liderazgo, es apenas una carta de su juego personal. Y no puede ser más claro en el caso de Taka, quien desprecia tanto a los coreanos como a los japoneses que siguen sus consignas, de los que dice: «Se han emborrachado con el descubrimiento de que hay gentes aún más despreciables que ellos, que son los coreanos, y empiezan a sentirse fuertes. Son como un enjambre de moscas. Todo lo que tengo que hacer es organizarlos, y podremos resistir al Emperador indefinidamente. Por más que sean pequeños y repugnantes como moscas, cuando se unen, la propia fuerza del número les confiere un poder muy particular». La violencia a la que conduce el nacionalismo es hija del resentimiento y la mediocridad, tal como explica Taka con sarcasmo: los pobladores de la aldea, al recordar que «el Emperador de los Supermercados no era más que un pobre coreano, se volvieron todos patriotas en un abrir y cerrar de ojos».

La maestría de Oé en el manejo de la trama alcanza su culminación al final de la obra cuando, a la tragedia del hermano menor del bisabuelo que un siglo después Taka ha convertido en farsa, el escritor le da una última vuelta de tuerca que trastorna la interpretación de los hechos, levanta una capa que deja al descubierto la fragilidad de las certezas históricas. Finalizada la revuelta luego del suicidio de Taka, cuando el Emperador de los Supermercados y sus hombres llegan a la propiedad comprada a los Nedokoro y desmontan el almacén, descubren que había un sótano oculto, y que dada la construcción y dados los objetos que ahí se encontraban, era evidente que el hermano menor del bisabuelo permaneció encerrado en ese sitio por el resto de su vida después del fracaso de la revuelta de 1860. Ahí escribió las cartas que supuestamente enviaba desde Tokio, y quizá solo salió una vez del sótano a dirigir otra revuelta exitosa en 1871. El escritor parece decirnos que la verdad histórica última se esconde en sótanos de los que ignoramos su existencia y que solo son descubiertos a veces de manera fortuita.

Pero si las apariencias engañan en el terreno del drama histórico, también lo hacen en el drama personal. La personalidad de Taka tiene muchas capas; su verdad yace oculta igualmente en un sótano. A través de las observaciones y las reflexiones de Mitsu, el lector va percibiendo que detrás del exhibicionismo y la jactancia de Taka se esconde un algo retorcido, viscoso, purulento, de donde mana su violencia: «Al igual que un perro no puede expresar su melancolía con palabras, Takashi tenía algo agarrotado en el centro de su alma que no podía manifestar a los demás». Más adelante, el mismo Taka empieza a revelar su tormento: «Siempre me he debatido entre el deseo de justificar mi naturaleza violenta y la imperiosa necesidad de castigarme por ello». La confesión fluye más cuando Taka yace tendido junto a su cuñada Natsumiko en los preámbulos del adulterio: «La razón de que decidiera deliberadamente mezclarme con los grupos violentos durante la campaña contra la renovación del Tratado [con Estados Unidos], y la razón de que, después de asociarme con la violencia de los débiles forzados a oponerse a la violencia injusta, escogiera aliarme con la violencia injusta, fuera cual fuera su propósito, era que quería aceptarme tal como soy, justificar ante mí mismo a la persona violenta que soy, sin tener que cambiar». Oé creó un personaje extremadamente consciente de sí mismo, que en la intimidad y a medida que se acerca a su fin, va abriendo poco a poco su desgarradura: «Mi personalidad está dividida. Siempre que mi vida pasa por un período de tranquilidad, siento la necesidad de excitarme para confirmar que realmente estoy partido en dos por dentro. Me pasa igual que a los toxicómanos, que tienen que estimularse cada vez más». Pero el hecho de estar dividido, que pareciera el generador de la violencia que ejerce Taka, es tan solo otra capa tras la cual se oculta la verdad, como él mismo reconoce: «Eso está ligado a una experiencia de la que no podré hablar mientras trate de seguir viviendo». Es después de ese inicio de confesión, en el clímax de la revuelta, en momentos en que Taka parece el amo y señor de la situación –ya se ha acostado con su cuñada y casi había convencido a Mitsu de la viabilidad de la revuelta–, cuando de pronto todo se desmorona. Taka asegura haber asesinado a una de sus seguidoras que opuso resistencia a su intento de violación. Los hechos son confusos. Mitsu sostiene que la muerte de la chica fue accidental y que Taka siempre ha querido dar la imagen del «gran criminal», por lo que ahora aprovecha la muerte de esa chica para autoinculparse. Taka insiste en su culpabilidad y espera que los pobladores vengan a lincharlo. Pero estos no llegarán. Ambos hermanos se quedan a solas en el almacén. Y entonces Taka vomita su gran confesión, la culpa que lo corroe: mantuvo una relación carnal con su hermana menor, una adolescente retrasada mental, una oculta relación de pareja hasta que ella quedó embarazada y hubo que practicarle un aborto; a causa de ello la retrasada descubrió que acostarse con su hermano era incorrecto, que este le había mentido y se suicidó. La vergüenza de Taka es triple: haber embarazado a su hermana, haberla engañado aprovechándose de que era retrasada mental y haber escondido los hechos a toda la familia. Horas más tarde de haber confesado su vergüenza a Mitsu, Taka se suicida.

El planteamiento de Oé es preciso: la mentira engendra violencia, el ocultamiento consciente de la verdad es la gasolina que mantiene la combustión en Taka. Cuando un hombre no asume la responsabilidad de sus actos busca afuera «causas» que lo encubran. Detrás de la mitificación de la historia familiar o política yace agazapada una verdad personal que no se quiere ver, que no se quiere asumir ni enfrentar. Al sótano donde se esconde la verdad de la familia Nedokoro luego de la revuelta de 1860, corresponde el sótano donde Taka ha ocultado su incesto y su culpa por haber propiciado el suicidio de su hermana menor. El mismo Takashi intuye su incapacidad para enfrentar la vergüenza, su carencia de coraje para asumir socialmente las consecuencias de su acción y presagia su falta de salidas cuando, unos días antes de su confesión y suicidio, le cuenta a Mitsu sobre los estados de ánimo que lo embargaban en Nueva York: «Pensaba por aquel entonces en la verdad absoluta, la que, si un hombre la dice, no le deja más alternativa que morir a manos de otros, suicidarse o volverse loco... Esa verdad, una vez que sale de la boca, es como una bomba en la que han puesto en marcha el detonador, imposible de detener». Por eso, momentos antes de suicidarse, Taka dejó escrita en la pared de la habitación la frase «Dije la verdad».

## 13

Cuando Oé escribe *El grito silencioso*, ya han madurado las ideas que aún eran embrionarias en *Un asunto personal*. Sus reflexiones sobre la condición humana, sobre las formas de hacer frente al destino personal, de resistir al infortunio, de convertir la tragedia en una oportunidad para ampliar la comprensión, son más profundas. Si Taka representa el callejón sin salida al que conduce la violencia generada por la mentira, el espejismo de la acción y la vorágine dionisiaca, Mitsu representa la sobrevivencia y la posibilidad de la curación a partir de una actitud distinta hacia sí mismo y hacia el mundo que lo circunda.

Mitsu es tuerto (perdió el ojo derecho —al igual que el personaje narrador de «Agui, el monstruo del cielo»— a causa de una pedrada lanzada por un grupo de chicuelos), hediondo (no se asea ni el cuerpo ni la boca), con un carácter gris, opaco y timorato que lleva a que los jóvenes amigos de Taka lo llamen «ratón» (y él se repite a sí mismo que no es más que un ratón a lo largo de la obra). Desde el inicio de la historia, reconoce que sufre un estado depresivo: su mejor amigo se ha suicidado, su mujer está alcoholizada, su bebé con una hernia cerebral permanece internado en el hospital. No hay esperanza. Y eso es lo que él persigue, lo que más quisiera, desde su primera frase en el libro: «El sentido de la ardiente esperanza». Pero en vez de recibir la esperanza, le llega otro mal: su hermano Taka, que con su intensa energía lo convence de ir a la aldea natal a vender la casa familiar, donde Mitsu tal vez pueda rehacer su vida. Pero aquello más parece una celada: Taka vende la propiedad a escondidas y se queda con el dinero, organiza a los jóvenes de la aldea con ánimo de iniciar la revuelta y entusiasma a Natsumiko con su aventura. Mitsu se dispone a largarse, pero en eso cae la nevada de fin de año que lo atrapa en la aldea. En cada conversación con Taka lo corrige, lo desmiente, desmitifica lo que este mitifica. Pero lo hace sin ánimo de convencer, sin exaltarse ni discutir, ni siquiera de cambiar la conducta de Taka, aunque con cierto paternalismo propio de hermano mayor. Nos habla de Taka, a veces hace juicios sobre él, sin animosidad, aunque con una bien disimulada dureza. Es una especie de hombre sin atributos, distanciado, incapaz de actuar. Se considera un fracasado, un perdedor. Es un inmovilista. No reacciona, ni siquiera cuando se entera de que su mujer y su hermano han cometido adulterio y tienen planes de iniciar una relación, haciéndolo a él a un lado. Es un espectador de su fracaso, del estrepitoso hundimiento de su hermano y de la deriva en que se encuentra su mujer.

Al inicio de la novela, Mitsu está sumido en un pozo en el patio de su casa, desde donde ve el cielo oscuro sin ninguna esperanza; al final de la novela, cuando ya Taka se ha suicidado y su mujer le confiesa que está embarazada de este, se vuelve a sumir toda una noche en el recién descubierto sótano del almacén, donde cien años antes permaneció escondido el hermano menor del bisabuelo. Pero ahora para Mitsu es el momento de la autocrítica y la probable curación. Revisa sus juicios sobre Taka y sobre el hermano menor del bisabuelo, juicios que se han desmoronado inexorablemente, tal como debe aceptar, y lo acomete la congoja, la culpa por no haber hecho nada para salvar a Taka de sí mismo. «No tuve el poder de imaginarme qué sentían las personas que soportaban aquel infierno interior (…), y siempre me mostré crítico con los esfuerzos de Takashi, por encontrar algún camino hacia una nueva vida», piensa, y enseguida reconoce, con la admiración que acrecienta la culpa, que Taka «superó su infierno por sus propios medios». Tiritando en el sótano del almacén, cercado por los fantasmas de su familia, Mitsu no alcanza a vislumbrar una salida, y se pregunta si a «diferencia de la sensación de existencia cierta de quienes han superado su propio infierno, ¿tendré que seguir viviendo sin ganas, día tras día, lleno de depresión y de ambigüedad incierta?». La posibilidad del suicidio lo tienta, pero con escasa fuerza, casi como retórica: las soluciones radicales son ajenas a su temperamento, aunque él trate de engañarse diciéndose: «Comprendí de golpe que no podía ahorcarme porque no había comprendido aún la "verdad" que debía gritarles a quienes me sobrevivieran». Pero su verdad no es para ser gritada, carece de colores extremos, es gris como él. Y entonces descubre que la salida siempre ha estado ahí, que no hay infierno dentro de él sino una hoguera y un poco de frío alrededor, por eso siempre ha buscado la placidez y la conformidad. Solo le queda, pues, «la autoconsolación» propia de los seres «que tratan de continuar con tranquilidad sus vidas reales, estables y ambiguas, esforzándose por olvidar las penalidades de aquellas personas horribles que superan a pecho su propio infierno». Dicho de otro modo: la aceptación de la vida, de lo que el destino —o como se le llame— le ofrezca, es su única salida. Y así, cuando al amanecer emerge del sótano, se encuentra con su mujer, quien ahora lleva al hijo de Taka en el vientre, y en cuanto ella lo ve le pregunta si pueden reiniciar la relación: «¿No podremos empezar de nuevo los dos, con el niño del centro médico y con el que va a nacer? He estado pensando mucho tiempo, y lo he decidido por mi cuenta, y he venido a preguntarte si sería posible», propone ella, cautelosa. De inmediato Mitsu responde: «Vamos a intentarlo».

Oé aplica el mismo patrón para cerrar las historias de *Un asunto personal* y *El grito silencioso*: el personaje principal sobrevive y accede a la posibilidad de la curación de la crisis personal gracias a que su aceptación de la vida, y de aquellos que lo rodean tal como son, le abre la posibilidad a la paciencia y la esperanza necesarias para seguir adelante. Para el escritor esos valores están tan estrechamente ligados, que la primera obra termina cuando Bird abre el diccionario en busca de esas dos palabras, en tanto que Mitsu inicia su relato persiguiendo la «ardiente esperanza». No es de extrañar tampoco que el cierre esté mucho mejor logrado en *El grito silencioso*: dos años más tarde, el escritor ha evolucionado en su manejo de la materia narrativa, pero sobre todo ha profundizado en el tema gracias, en buena medida, a la experiencia de haber salido adelante con su hijo Hikari.

## 14

Una primera impresión que se puede llevar un lector occidental malicioso es que no hay ninguna novedad en el planteamiento de Oé y que lo que él denomina «curación» no es más que una versión del concepto cristiano de resignación, una virtud que implica «conformidad, tolerancia y paciencia en las adversidades», aplicable cabalmente a la conducta de Mitsu. Yo mismo tuve esa sospecha, la cual creció luego de leer las novelas *Cartas a los años de nostalgia* y *Rouse up O Young Men of the New Age!*, que están construidas con un trasfondo de conversaciones sobre Dante y William Blake, respectivamente. ¿Qué hacía un escritor japonés contemporáneo obsesionado con los dos poetas fundamentales del cristianismo? ¿No me encontraría más bien ante un escritor occidentalizado que sufrió el típico proceso que lo llevó del existencialismo ateo de Sartre a una especie de cristianismo ecuménico? ¿No sería el proceso de curación a través de la aceptación de la vida y de asumir la responsabilidad de los propios actos un equivalente al proceso cristiano de conversión? ¿Y no habrían sido la desgracia que significó el nacimiento de un hijo discapacitado y el testimonio de los sobrevivientes de Hiroshima los detonantes de esa conversión?

Oé lo explica de una manera radicalmente distinta. En *A Healing Family* es categórico al decir que él no es creyente en ninguna fe, reafirma que el nacimiento de Hikari y su experiencia con los sobrevivientes de Hiroshima fueron los hechos que cambiaron su vida, pero también nos da las claves de su propia ruta de curación, una ruta basada en las ciencias y el humanismo, ajena a cualquier religión, que recorrió guiado por dos médicos y un profesor universitario. A ambos médicos los conoció en la misma época, cuando él padecía «la primera y más importante crisis de mi vida» en el verano de 1963: al doctor Shigeto, su guía en Hiroshima, ya me referí; el otro fue el doctor Nobuo Moriyasu, neurocirujano del Nihon University Hospital, quien operó a Hikari luego de su nacimiento, fue su médico durante décadas y sirvió como una especie de «curador» de la familia Oé. El profesor universitario era Kazuo Watanabe, un especialista en el Renacimiento francés y traductor de Rabelais, tan determinante en la formación del novelista que le rindió homenaje en su discurso de aceptación del Premio Nobel. Oé recuerda uno de los axiomas simples de Watanabe para definir el humanismo («ni demasiada esperanza, ni demasiada desesperación»), que fue de extrema utilidad para que el escritor pudiera hacer frente a su crisis y fue también un principio a partir del cual el doctor Shigeto trataba a los sobrevivientes de la bomba en Hiroshima.

La idea de la curación en el arte desarrollada por Oé tiene su principal basamento, pues, en las ciencias médicas y en especial en la teoría de la rehabilitación, tanto a nivel personal como social. Oé menciona el libro *Thoughts on Rehabilitation: Restoring the Disabled to Full Humanity* del doctor Satoshi Ueda, como un texto fundamental en este campo que le ayudó a ordenar sus ideas sobre la experiencia cotidiana de vivir con Hikari. Dice que al profundizar en los planteamientos de Ueda comenzó «a ver una cierta analogía entre el proceso de rehabilitación, que conduce a la persona discapacitada a una fase de aceptación de su discapacidad, y una teoría literaria —o quizá cultural— que puede decirse que conduce a la aceptación de la propia condición de uno en la vida». La teoría de las cinco fases del proceso de rehabilitación planteada por Ueda —shock, negación, confusión, esfuerzo y aceptación— fue aplicada por Oé en el terreno de la ficción: «Al tratar de retratar a mi hijo en la forma literaria conocida como novela, yo he pasado a través de cinco fases similares. Pero en el caso de una persona como él, con una discapacidad mental, no es el individuo en sí mismo sino más bien su familia la que tiene que pasar de la fase del shock a la fase de la aceptación», explica en *A Healing Family*. Y puntualiza que el resultado fue que lograron aceptarse a sí mismos como discapacitados, al ser la familia de una persona discapacitada; un tipo de familia que, a través de ese proceso de aceptación, «puede jugar un papel especial en la comunidad que la rodea y con el tiempo, puede enviar un mensaje a un grupo más amplio».

Pero la aplicación de los métodos de la rehabilitación a la propia vida y a la escritura de ficciones no explicaría por sí sola el entusiasmo de Oé con la idea del «maravilloso poder curativo del arte». Tuvo que suceder algo especial, una especie de milagro, un hecho que el autor asocia con la virtud cristiana de la «gracia». Y fue que el niño discapacitado y autista de pronto comenzara a hablar gracias al canto de los pájaros, y no solo que hablara sino que, al paso de los años, se convirtiera en compositor musical —sin dejar de ser discapacitado— y que esas composiciones fueran arte. Refiriéndose a las piezas musicales de su hijo, Oé dice que «en el propio acto de expresarse a sí mismo hay un poder curativo, un poder para sanar el corazón. Este poder, además, no está limitado sólo a él, sino que se extiende a todos aquellos que reciben lo que él tiene que expresar. Y este es el milagro del arte. Porque en la música o en la literatura que creamos, aunque lleguemos a conocer la desesperación —esa noche oscura del alma que tenemos que atravesar—, descubrimos que por el mismo hecho de darle expresión podemos ser curados y conocer la dicha de la recuperación. Y como estas experiencias interrelacionadas de dolor y recuperación son añadidas una a una, capa sobre capa, no sólo el trabajo del artista resulta enriquecido sino que sus beneficios son compartidos con los otros».

La idea de la curación en el arte no es para Oé una teoría emanada de ansiedades ideológicas o de mesianismos, sino que es consecuencia directa de su experiencia. Su estética es, en buena medida, fruto de una ética. Me atrevería a decir que su sabiduría radica en que las virtudes de paciencia y esperanza a través de las cuales sus personajes pudieron curarse y seguir adelante, fueron con anterioridad puestas en práctica por él para aceptar y asumir lo que la vida le daba, para transformar en una bendición —siguiendo con los símiles religiosos— lo que apareció de súbito como una tragedia. Lo admirable en Oé es esa coherencia entre vida y obra que le permite engarzar lo personal con lo social y con su creación literaria, tal como lo explica en el discurso de Estocolmo, cuando afirma que su método fundamental de escritura «ha sido siempre comenzar desde los asuntos personales y luego enlazarlos con la sociedad, el Estado y el mundo en general».

# 15

En su estudio sobre Arthur Rimbaud titulado *Time of the Assassins*, Henry Miller parte de los paralelos entre su vida y la del poeta francés para escribir un sugerente texto que es «una indagación más próxima a la búsqueda de afinidades, analogías, correspondencias y repercusiones» entre ambos autores. Yo no me atrevería a hacer algo así con Kenzaburo Oé, un escritor cuyas formas de vida y escritura me resultan ajenas. En entrevistas, e incluso en sus libros, ha descrito lo que era su típica jornada de trabajo en casa: escribía sentado en el sofá de la sala mientras Hikari yacía tirado en el piso escuchando música y componiendo, sus otros dos hijos hacían sus tareas escolares en la mesa del comedor, su mujer se afanaba en la cocina y su suegra, enferma de senilidad, salía cada cinco minutos de su habitación para abrir la puerta de la calle que nadie había tocado. La rutina seguramente cambió cuando sus dos hijos normales hicieron sus vidas aparte y su suegra murió. Lo sorprendente no es que Oé haya podido construir su obra en esas condiciones, sino que haya disfrutado de esa vida doméstica, convirtiéndola en la materia prima fundamental de sus ficciones. El maravilloso milagro del arte gracias a la plena aceptación de la vida, quizá diría el escritor japonés; a mí, esa escena doméstica me pone los pelos de punta.

Pero tal vez pueda mencionar una pequeña «correspondencia» con Oé. En *Cartas a los años de nostalgia* (1987) y en más de una entrevista, Oé ha abordado con brevedad su experiencia mexicana, los seis meses que a mediados de la década de los setenta vivió en la calle Insurgentes, sin hablar una palabra de español, impartiendo un seminario sobre cultura japonesa en el Colegio de México, con el apoyo del experto argentino Oscar Montes, el mismo que tradujo el librito del que hablé al principio de este texto (*La captura*) y que le consiguió editor en México. Yo viví seis meses en Tokio, sin hablar una palabra de japonés, y mi estadía hubiera sido imposible sin el apoyo de un experto en literatura latinoamericana, Ryukichi Terao, también graduado del Colegio de México, quien tradujo una de mis novelas y le consiguió editor. Es una pequeña y curiosa correspondencia. Al principio de este ensayo, comenté que mi interés por la obra de Oé fue estimulado, en cierta medida, por el hecho de que en mis últimas dos novelas hicieron aparición personajes que expresaban cierta tolerancia y aceptación de la vida, y por tratar de entender por qué en una sociedad como la japonesa —y no en sociedades violentas como las centroamericanas— puede surgir un autor que trabaje sobre una estética de la curación. Abordar esta última temática de forma comparativa exigiría un ensayo aparte. Ciertamente las ideas estéticas y la obra de Oé no se podrían explicar sin el contexto histórico del Japón contemporáneo —la derrota en la guerra, el bombardeo atómico, la abolición del ejército imperial, la implantación de una democracia sui géneris y el esfuerzo conjunto de todas las fuerzas sociales para convertir a Japón en una sociedad rica y ejemplar—, pero el escritor, por más que se explique a sí mismo y sea explicado por sus estudiosos, siempre mantendrá un misterio sobre su combustión creativa, un misterio que, en el caso de Oé, parece cercano a la «gracia».

# REFERENCIAS

PRIMERA PARTE: Breves palabras impúdicas

El ensayo «La guerra: un largo paréntesis» fue publicado en la edición española de la revista *Letras Libres*, en septiembre de 2004. «Breves palabras impúdicas» fue leído en una conferencia sobre literatura centroamericana realizada en la Casa de América en Madrid, en mayo de 2004. «Política, humor y ruptura» fue leído en el seminario «Centroamérica en su narrativa desde 1940 a nuestros días», en el Centre de Recherches Latino-Américaines de la Universidad de Poitiers, el 10 de abril de 2007. «El cadáver es el mensaje: apuntes sobre literatura y violencia» fue leído en el Coloquio Internacional «Cultura y conflicto/Culturas en conflicto», en la Universidad de París XII, el 9 de junio de 2007. «Lo político en la novela latinoamericana» fue leído en el ciclo «Novela de la política y política de la novela en Hispanoamérica», en la Casa de América de Madrid, el 12 de febrero de 2008, y luego publicado por la revista *Cuadernos Hispanoamericanos*, número 694, Madrid. «El lamento provinciano» fue presentado en un evento conjunto patrocinado por las Universidades Concordia y McGill en Montreal, el 21 de noviembre de 2005. «De cuando la literatura era peligrosa» fue publicado en el suplemento «Babelia» del diario *El País*, el 2 de agosto de 2008, Madrid.

«El escritor y la herencia» fue publicado en la revista *Cuadernos Hispanoamericanos*, noviembre de 2010, Madrid. «En los linderos del asombro» fue incluido en el libro *Los escritores y la creación en Hispanoamérica* (Editorial Castalia, 2004).

SEGUNDA PARTE: La metamorfosis del sabueso

«La metamorfosis del sabueso» y «Correrías de cortesanos» fueron publicados en la revista *Cultura*, números 79 y 80, 1996-97, San Salvador. «Pleito de poetas: el clérigo *versus* Lady Macbeth» fue publicado en la revista web *Sampsonia Way*, 2009, Pittsburgh. «Intelectuales», «Coincidencias», «Al filo de los cuarenta», «El poeta y la muerte» y «La fatalidad congénita» aparecieron en mi columna «Palos de ciego», en la revista mensual *Tendencias*, 1994-95, San Salvador. «Brevedad y largueza» fue publicado en la revista web *El ojo de Adrián*, el 15 de noviembre de 2005. «Nietzsche, aforismo y estilo romano» fue publicado en el periódico *Milenio Diario*, el 25 de agosto de 2000, con motivo del centenario de la muerte del filósofo. «Malraux, una vida exagerada» y «Kertész o el hombre marcado» fueron publicados en el suplemento «El Ángel», del diario *Reforma*, el 5 de enero y el 27 de abril de 2003, respectivamente, Ciudad de México. «La tragedia del hereje» es la ponencia presentada en la Cátedra Roberto Bolaño de la Universidad Diego Portales, el 30 de junio de 2010, Santiago de Chile. De los «Tres textos sobre Bolaño», el primero fue publicado en la revista *La Tempestad*, Ciudad de México; el segundo en el suplemento «El Ángel» del diario *Reforma*, el 27 de julio de 2003, Ciudad de México; y el tercero en el suplemento «ADN» del diario *La Nación*, el 19 de septiembre de 2009, Buenos Aires.

TERCERA PARTE: La senda de Kenzaburo Oé: del shock a la aceptación

Terminé de escribir este ensayo –hasta ahora inédito– en Mishuku, el 1 de enero de 2010, gracias a una beca otorgada por la Fundación Japón con el apoyo de la Universidad de Tokio, que me permitió una estadía de seis meses en ese país. Deseo expresar mi agradecimiento a ambas instituciones. Los libros de Oé a los que se hace referencia son: *La captura* (Editorial Extemporáneos, 1976); *Un asunto personal* (Losada, 1971); *El grito silencioso* (Anagrama, 1995); *Japan, the Ambiguous, and Myself* (Kodansha International, 1995); *Arrancad las semillas, fusilad a los niños* (Anagrama, 1999); *Carta de los años de nostalgia* (Anagrama, 1997); *Rouse Up O Young Men of the New Age!* (Grove Press, 2002); *Dinos cómo sobrevivir a nuestra locura* (Anagrama, 2004); *A Quiet Life* (Grove Press, 1996); *Hiroshima Notes* (Grove Press, 1996); y *A Healing Family* (Kodansha International, 1996). Sobre la obra de Oé, los dos estudios principales consultados son *The Marginal World of Oe Kenzaburo* (An East Gate Book, 1996) de Michiko Niikuni Wilson y *The Novels of Oé Kenzaburo* (Routledge Contemporary, 2009) de Yasuko Claremont.